# 信息时代档案管理研究

朱昌花　岳　杨　曾　灿◎著

吉林文史出版社

**图书在版编目（CIP）数据**

信息时代档案管理研究 / 朱昌花，岳杨，曾灿著.
-- 长春 ：吉林文史出版社，2023.2
ISBN 978-7-5472-9270-9

Ⅰ．①信… Ⅱ．①朱… ②岳… ③曾… Ⅲ．①档案管理—信息管理—研究 Ⅳ．①G271

中国国家版本馆CIP数据核字（2023）第035541号

XINXI SHIDAI DANG'AN GUANLI YANJIU

书　　名　信息时代档案管理研究
著　　者　朱昌花　岳　杨　曾　灿
责任编辑　陈　昊
出版发行　吉林文史出版社有限责任公司
地　　址　长春市福祉大路 5788号
印　　刷　北京四海锦诚印刷技术有限公司
开　　本　787mm×1092mm 1/16
印　　张　11.25
字　　数　262千字
版次印次　2023年2月第1版　　2023年2月第1次印刷
定　　价　52.00 元
书　　号　ISBN 978-7-5472-9270-9

# 前　言

　　档案是人类历史的记忆和社会实践的真实记录，是国家进行经济建设、国防建设、外交发展、文化教育等社会各领域可持续发展的重要凭证与依据。在科学技术发展的推动下，信息技术被广泛应用到人们生活中，信息化时代的到来标志着人类的文明史迈入了新的阶段。在当前的档案管理之中，现代技术的应用正在逐渐增加，这些技术的应用可以使档案管理的效率变得更高。可以说信息技术的发展对于档案管理工作的顺利进行发挥着极其重要的作用。

　　本书以"信息时代档案管理研究"为选题，探讨相关内容。全书共分为六章，第一章是档案与档案管理概述，阐述了档案的定义与起源、档案的分类与属性、档案的价值与作用、档案管理的内涵与原则；第二章分析档案管理的业务流程，内容包括档案的收集与整理、档案的保管与统计、档案的检索与利用、档案的编研与鉴定；第三、四章解读医院档案管理的内容范畴，内容涉及医院档案信息管理的利用、医院病案管理的作用与实践、医院病理科档案管理、医院人力资源档案管理、医院临床实验室档案管理、医院医疗器械与耗材档案管理、医院医学装备信息档案管理、医院固定资产档案管理研究；第五章探索信息时代医院档案管理的信息化建设，内容涵盖医院体检档案信息化建设的系统设计、医院档案信息化建设的管理与创新、医院档案共享服务信息化建设的实践策略；第六章通过对信息时代事业单位档案管理的创新研究，论述信息时代事业单位档案管理探索、信息时代事业单位档案管理工作的建设、信息时代事业单位档案管理的创新策略。

　　本书体系完整、视野开阔，具备层次清晰、系统明了的结构，首先对档案的基本理论进行概述，然后以信息时代为背景，针对医院、事业单位的档案管理进行进一步研究，探究现代档案管理的创新发展与信息化建设。本书可供读者参考，并为理论研究者的进一步研究提供借鉴。

　　在撰写本书的过程中，得到了许多专家、学者的帮助和指导，在此表示诚挚的谢意。由于笔者水平有限，加之时间仓促，书中所涉及的内容难免有疏漏之处，希望各位读者多提宝贵的意见，以便进一步修改，使之更加完善。

作者

2022 年 7 月

# 目　录

# 第一章　档案与档案管理概述

## 第一节　档案的定义与起源

### 一、档案的定义

#### （一）档案定义的含义

#### 1. 档案是人类社会活动的直接产物

档案来源于人类社会的各项实践活动，是人类社会活动的产物，是一种普遍的社会现象。由于人类的实践活动是极其广泛、极其丰富的，而且社会的发展仍在不断深化、拓展，这就决定了档案内容的丰富性、来源的广泛性和类型的多样性。"直接形成"说明档案继承了文件的原始性；"历史记录"说明档案在继承了文件原始性的同时，也继承了文件的记录性，是再现历史真实面貌的原始文献。因此，档案具有凭证价值的重要属性，并以此区别于图书情报资料和文物。

#### 2. 档案来源于文件

档案是由文件有条件地转化而来的，档案和文件是同一事物在不同价值阶段的不同形态，两者具有同源性和阶段性的共性，也具有实效、功用、离合等个性差异。

（1）从信息内容和形式上来说，两者相同。

（2）从时效、价值、系统性上来说，档案是对文件的不断扬弃。

第一，从时效上来说，办理完毕（或叫处理完毕）的文件才能作为档案，档案一般是完成现行使命而备留查考的历史文件。

第二，从价值上来说，对日后实际工作和科学研究等活动具有一定查考利用价值的文件，才有必要作为档案保存。

第三，从系统性上来说，档案是把分散状态的文件按一定逻辑规律整理而成的信息单元。因此，文件是档案的前身，档案是文件的延伸；文件是档案的基础，档案是文件的精华；文件是档案的素材，档案是文件的组合。

### 3. 档案形式的多样性

档案的形式，包括载体、制作手段、表现方式等。就档案的载体而言，我国既有古代遗留下来的龟甲兽骨、竹简木牍、金石、贝叶、缣帛等档案，又有近现代少数民族地区沿用的古老形式的档案，也有以纸张为主的书面文件等传统形式的档案，还有胶片、磁带、磁盘等形式的档案。

从制作手段来看，有刀刻、笔写、印刷、复制、录音、摄像等；从表现方式来看，有文字、图表、声像等。档案信息的表现方式和载体的革新，标志着档案和档案工作发展的不同阶段，也反映了社会文明发展的水平。

### （二）档案定义的理论支撑

下面以文件生命周期理论为例，解读档案定义的理论支撑。文件生命周期理论是文件管理的核心理论，文件生命周期理论认为文件具有一定的生命周期，现行文件从其产生到最终销毁或永久保存是一个完整的生命运动过程。文件的价值形态与其保存场所、管理方式及服务对象之间存在内在的对应关系。

第一，文件从其形成到销毁或永久保存，是一个完整的生命运动过程。文件的产生、流转，办理完毕后归档保存或销毁，最终移交档案馆永久保存的过程是一个前后衔接、连续统一的生命运动过程。

第二，由于文件价值形态的变化，这一生命过程可划分为若干阶段。文件的生命运动具有阶段性特征，从文件价值形态的变化出发，中外档案界一般将文件生命运动的阶段划分为现行阶段、半现行阶段和非现行阶段三个阶段。

第三，文件在每一个阶段因其具有不同的价值形态，而体现为不同的服务对象、保存场所和管理方式。现行阶段的文件具有现行效用，处于机关文件的流转过程中，等文件承办完毕以后，则需要根据其价值大小决定是否归档保存或销毁。归档保存的文件进入半现行阶段，这一阶段的文件对本机关具有一定参考作用，保存在本机关档案室或文件中心，主要为本机关服务，具有过渡性。文件在机关档案室或文件中心保存若干时期以后，经过鉴定，将其中具有永久保存价值的文件移交档案馆。进入档案馆永久保存的文件进入非现行阶段，非现行阶段的文件对形成机关已经丧失了最初的原始价值，而主要体现为对整个社会的价值。

文件在历经三个阶段的生命运动过程中，其对本机关的原始价值（对本机关的行政、财务、法律等价值）和对本机关之外的其他利用者的档案价值（证据价值和情报价值）

出现了此消彼长的变化。在现行阶段，文件主要发挥对机关的现行效用，在机关部门间流转，直到办理完毕，文件主要体现为原始价值；在半现行阶段，部分文件最初仍然具有较高的原始价值，但随着时间的推移，原始价值逐渐衰减，部分文件的档案价值开始逐渐显现；在非现行阶段，文件的原始价值丧失而档案价值突出，文件为社会各界服务。随着文件原始价值的削减和档案价值的增加，文件的保存场所对应地发生了变化，从机关内部到文件中心（或档案室），最终移交到档案馆。文件的服务对象也逐渐由内向外，同时，服务方式经历了一个从封闭到开放的过程。

文件生命周期理论对于传统档案管理的理论指导意义是不言而喻的，它从理论上科学地阐释了文件中心存在的合理性，奠定了文件的分阶段管理以及全过程管理的理论基础。电子文件具有文件的基本属性，它在载体形式和生成环境方面虽然具有特殊性，但仍然要历经从产生到销毁或永久保存的整个生命周期。电子文件的运动仍然具有一定的阶段性，只不过各阶段的界限模糊，运动特点发生了变化。此外，电子文件的价值形态与相关因素的对应关系虽然已经弱化，但并不是绝对消失。文件连续体理论修正和发展了文件生命周期理论的某些细节，使其适用于电子文件的管理。

关于文件生命周期理论与文件连续体理论的关系众说纷纭，但有一点可以肯定，文件生命周期理论是文件连续体理论产生的基础和源泉，后者是对前者的修正和发展。在电子文件时代，文件生命周期理论的某些细节可能需要补充和修改，但仍然具有十分广泛的理论指导意义。

## 二、档案的起源

### （一）档案的起源观点

关于档案起源问题，人们产生了不同的认识，基本观点如下：

第一，原始社会说。这种观点认为，以原始记事方法形成的记录就是档案，如结绳、编贝、结珠、刻契、图画等。

第二，阶级社会说。这种观点认为，档案是阶级社会的产物，如结绳、刻契都是档案的前身。档案是在有了阶级、文字、国家之后产生的。

第三，文化宗教起源说。这种观点认为，刻符、绘画、文字和档案的萌芽、起源与产生是巫文化的成果。

第四，文字起源说。此观点认为，文字和国家的出现是档案产生不可或缺的条件，甚至是充分条件。随着阶级的出现和国家的形成，为了管理大规模的生产，进行国家与国家之间的交往和战争，文字记录作为管理国家和交际的工具出现了，于是便产生了文件和档案。

第五，档案起源过程说。档案起源过程说的基本观点是：档案起源是一个过程，所谓各种观点之间的矛盾只是在于人们看问题的角度（判断标准）不同，并因此导致在这一起源过程中确定的时间段有所差异。不同的判断标准导致不同起源时间点的选择，如果把各种观点中所提出的"阶段点"串起来，就成为一条线，串出一个完整的过程。

### （二）档案的起源过程

关于一个事物的起源，由于判断标准的不同，结论也不相同。"不同种类的档案因为所需要的条件不同，起源的时间也有所不同，即档案的起源是分层次的。"[①]因此，在探讨档案的起源时，我们也应从不同角度和需要出发，把档案的起源看作是一个过程，并按照各个角度，确认在这个过程中各个关键点的意义。这样，我们对档案起源问题的认识才比较完整、全面、准确。

#### 1. 实物记事推动档案意识觉醒

原始社会后期，为了把信息保留到异时和传达到异地，人们曾尝试过结绳、结珠、编贝和积石甚至掘地穴等极其原始的以实物来帮助记事的方法。从本质上讲，它们主要是一种助记符号。它们本身不具有间接的记事功能，但其记事（助记）意识是清晰的、确定的。因此，我们可以将其作为人类档案意识的起源和符号记事的萌芽。有了这种人类意识，并通过记事符号的发展，才会有后来档案实物的出现。

#### 2. 图画记事促进个性化记事档案产生

图画记事，就是人们使用壁画、雕刻等方法描绘出自己对于外界的认识，它反映实践活动，记录和表达自己的物质生活和精神世界。这种具有记事功能的记事图画日趋简化，逐渐成为约定性的即表达某种固定意义的图画，在一定程度上具备了交流工具的性质，主要服务于生产和生活，是对现实世界的一种符号记录和摹写。这些记事图画使用象征性图形来表达抽象概念，图形与意义之间逐渐地形成固定的联系。

图画记事可以表达简单意义，所以它导致了个性化（个案性）记事档案的出现，如地图档案。许多没有文字的原始民族都有地图档案，并且由地位颇高的专人来负责保管。

#### 3. 刻契是书写的起源

档案记录与书写形式有密切的关系，因此，档案的起源过程不能不涉及书写的起源。书写能力的提高，是大量产生档案的前提。

刻契[②]是在木头、竹片、石块、泥版等物体上用石器、骨器等来刻画各种符号和标志，用以表示一定的意义。刻契不但是书写的起源，还大大促进了记录符号的发展。随着人

---

① 丁海斌. 档案起源：过程说与根本作用说 [J]. 山西档案，2020（04）：16.

② 或称契刻。

们传递和记载信息的复杂程度的加深，刻契符号最终与图画一起进化到文字。

总之，以上三个阶段总体上属于档案的萌芽孕育期，尽管此时的人类已经会使用简单的工具，但是这一时期尚未出现可方便书写的物质载体和清晰、确定的符号系统，所以仍未产生真正的档案。

### 4. 文字的产生是档案普及的起源

文字的出现，使档案作为一种社会事物具有完整性和一定范围的普遍性。它应该是具有普遍性、完整性的档案起源的标志，人类也因为这种具有普遍性、完整性的原始性书面符号记录的产生而进入文明时代。

作为一种成体系的书写符号，文字的本质在于它是记录、传递信息的书面符号系统。实质上，任何文字的造字过程都是尽量满足记录语言需要的过程。文字的发展历史就是记录语言的方式不断进化的过程。

### 5. 管理要素是档案具有的基本社会意义

档案是人们有意识保存起来的原始性书面符号记录，所以，真正的具有社会意义的档案必须具备基本的管理要素。在我国，甲骨档案已具有完整的管理学意义，它有库房、排架规则和专门的保管者，它和一种社会工作——档案工作相连接。因此，它是具有完备社会性意义的原始档案。

### 6. 统一名词是档案的规范保障

在认识意义上，档案作为一种普遍存在的社会性事物在其出现后的相当长的时间里，并没有被人们从整体上清晰认识，直到统一的档案名词的出现，在整体上，档案才成为具有清晰的认识论意义的存在。所以，从人类认识的意义上讲，档案事物的整体起源于统一的档案名词的出现。

在我国，档案名词的演化经历了以下过程：出现零星的个体的名词（如"治中"等）—出现具有一定普遍意义的名词（如"案卷"）—出现具有普遍意义的名词（"档案"）—对名词进行理性解析。这个过程表明了人们对这一事物认识的不断进化。

## 第二节 档案的分类与属性

### 一、档案的分类

档案的分类是根据档案内容和形式的异同，分门别类地、系统地组织与揭示档案材料或信息的一种方法。它将彼此属性相同的档案材料或信息集中在一起，把彼此相异的档案材料或信息分开，成为有条理的系统，以满足特定的需要。

## （一）档案的概念分类

档案概念分类是指档案概念外延的划分，即在档案总概念下，分为许多具体档案概念，通常亦称档案种类的划分。人们根据档案的不同属性和科学管理档案的需要，分别采用不同的标准，如根据档案的内容性质标准，可以直接分为会计档案、科技档案、人事档案等门类。

### 1. 会计档案

会计档案是指各类机构在经济管理活动中产生的会计凭证、会计账簿和会计报表等具有保存价值并作为历史记录保存起来的会计核算专业材料；会计档案工作是财会部门和档案部门按照有关法规保管和提供利用会计档案的活动。会计档案的管理既是财务会计工作的一个重要组成部分，也是专门档案管理工作的一部分。

会计档案主要是由各类单位的财务会计部门或财务会计人员在会计核算工作中形成的。会计档案一般分为四大类，即会计报表、会计账簿、会计凭证和其他。会计凭证、会计账簿和会计报表既在作用上有区别，又是一个密切联系的会计核算体系。会计凭证是经济活动、资金运转的合法证明；会计账簿是会计凭证的系统分类核算记录；会计报表是会计账簿记录的更概括、更全面、更系统的定期的综合指标反映。会计报表中的年度决算，则是年度国家预算、单位预算和各项财务收支计划执行结果的总结。

### 2. 科技档案

科技档案是保存备查的直接记述和反映科技生产活动的科技文件。科技档案是档案中的一大门类，相比其他门类档案，其在内容构成、形成规律、管理方法和作用特征上，具有自身显著的特点。

（1）科技档案的特点。

第一，构成的成套性。科技档案构成的成套性是科技档案形成和内容构成的整体特征。科技生产活动的特点和规律决定了人们总是以一个独立项目或某一对象为单元进行科技生产活动的。科技档案构成的成套性特征在基本建设、科学技术研究、产品研制、地质勘探、测绘等活动中都有明显体现，例如，基本建设活动总是以一个建设项目或工程为单元进行的，科学技术研究活动总是以一个课题或项目为单元进行的。

第二，内容的专业性。科技档案的专业性由其形成领域和内容属性决定。在形成领域上，科技生产活动与各类管理活动有明显不同，各类科技生产活动的共同特征是明显的专业性。从内容上看，科技档案不仅具有一般意义上的专业性，且不同领域形成的科技档案还具有不同性质的专业性。

第三，管理的现实性。科技档案具有较强的现实使用性和价值。档案具有历史查考作用，科技档案也不例外，但其现实使用性不能被否定或忽略。科技生产活动的延续性决定了有些科技文件归档成为科技档案后，往往是其使用频率最高、发挥作用最重要的时期，不仅只起存史作用。这也决定了科技档案应与其所反映的对象的现实保持一致，例如市政管线档案，如果与其反映的实物不一致，则难以起到为现实利用的作用。这一特征要求科技档案实行动态管理，如建立健全更改补充制度。

第四，种类的多样性。这里的多样性既包括科技档案下位门类的多样性，例如基本建设档案、科研档案等不同门类的科技档案；也包括科技档案组成的多样性，例如一套科技档案中，既有文字材料，也有技术图纸，还有专业计算书等计算材料，相对而言，文书档案则较单一；还包括科技档案载体的多样性，如传统纸质材料，保存于光盘、硬磁盘等载体上的电子文件、照片、录音录像等。尽管随着科技发展，其他门类档案载体材料也呈现多样化趋势，但科技档案的这一表现更突出。

第五，利用的广域性。科技档案利用的广域性指其作用的发挥不局限于形成单位，还可以产生更广泛的社会效益与经济效益，例如测绘档案、气象档案、水文档案等能广泛服务于社会。

（2）科技档案管理的要求与方法。

科技档案工作是一项以科技管理为核心的专业性和服务性工作，做好科技档案工作须遵循下列要求与方法：

第一，"三纳入"，即科技档案工作应纳入领导工作议事日程、纳入有关的规章制度及工作流程、纳入有关部门和人员的经济责任制和岗位责任制。科技档案是科技生产活动的记录和产物，与科技生产活动有着天然的密切关系，同时也服务于科技生产活动。因此，科技档案工作是科技生产活动的重要组成部分，需要各单位科技档案工作的分管领导郑重考虑和研究，将科技档案管理纳入工作的议事日程，通过协调将科技档案管理纳入各项科技生产活动的规章制度及工作流程，纳入有关部门和人员的岗位责任制或经济责任制，行之有效地保障科技生产活动完整、真实、准确、有效的记录的形成和管理。

第二，"四参加"，即档案部门或人员应参加产品鉴定、科研课题（或项目）成果审定、建设项目验收、设备仪器开箱验收等活动，负责检查应归档文件材料的完整、准确、系统。"四参加"是我国几十年科技档案工作的经验总结，是一种行之有效的管控措施。产品鉴定、科研课题（或项目）成果审定、建设项目验收、设备仪器开箱验收等活动都是相关工作结论性、阶段性、节点性的活动，如果这些活动的文件材料不能得到及时归档，事后弥补将困难重重。档案部门或人员参加这些重要活动，可以深入了解在相关工作和活动中产生哪些需要归档的文件材料，从而对这些工作和活动的文件材料完整、准确、系统地归档起到把关和维护本单位利益的作用。所以，"四参加"应纳入有关单位管理制度并严格执行。

第三,"四同时",即下达项目计划任务应同时提出项目文件材料的归档要求;检查项目计划进度应同时检查项目文件材料积累情况;验收、鉴定项目成果应同时验收、鉴定项目文件归档情况;项目总结应同时确保项目文件材料归档交接的完整、准确、系统。"四同时"也是我国几十年科技档案工作的经验总结,是一种行之有效的在工作全过程中对归档文件材料进行控制的措施。档案部门与本单位有关管理部门相互配合,共同将"四同时"作为一种管理工作流程执行好,对科技生产管理和科技档案管理起到相辅相成的作用。

### 3. 人事档案

人事档案是在干部工作、人事管理活动中直接形成的,记载和反映个人学习、工作经历以及德、能、勤、绩、廉等内容的文件材料。人事档案属于专门档案管理范畴,具有材料来源分散、保管部门多、管理动态性、内容保密等特点。近年来,随着人事制度改革的深入,流动人员人事档案还具有人档分离等特点,人事档案丢失情况时有发生。

人事档案根据干部、人事工作权限以及被管理人的身份、学历、就业等情况,分干部档案、企业职工档案和流动人员人事档案三种,这些档案统称为人事档案。同一个人的人事档案管理情况会因其身份、就业情况发生变化而变化。例如:原机关工作人员辞职自办企业,其人事档案由干部档案管理转变为流动人员人事档案管理。

### (二)档案的信息分类

档案信息分类是指以档案所记述的信息为对象进行分门别类,也称为档案目录信息的检索分类或简称档案检索分类。它将档案的载体形式与内容相分离,使后者脱离前者的外壳而独立,从而失去了原有的物质形态而仅存其信息内容分类。档案信息分类在实际工作中主要表现为对每份文件或案卷进行分类标引,组织分类目录或索引,建立目录中心,完善检索体系,以便深入开发档案信息,实现资源共享。

### (三)档案的实体分类

档案实体分类就是依据一定的标准,按照档案的来源、时间、内容和形式特征的异同点,对实体的档案进行有层次的区分,并组成一定的体系。它按照档案的本来形态,将形式与内容作为一个整体来分类。档案实体分类能体现档案的形成规律与特点,最大限度保持档案之间的历史联系,把以件、卷(盒)档案组成的实体单位置于不同类别之中,确定档案的物理位置,然后依此顺序编制案卷目录,使之系统化、固定化,实现了档案从分散到集中、从无序到有序,以整齐的排架分类,为档案实体的科学管理奠定基础。

### 二、档案的属性

#### （一）本质属性

#### 1. 历史性

从整体上和科学、典型的意义上讲，档案记载和反映的是"过去"的工作活动；档案是对某个或者某类实践活动或现象的发生、发展、结果等"全过程"进行全面、系统、完整的记载和反映；档案的基本价值和使命以及档案管理的基本任务目标之一，就是要"维护历史发展的真实面貌""再现历史的本来面貌"，充分发挥档案"以过去之光照耀现在"的历史作用，满足各方面利用需要，服务经济和社会建设事业。所以档案具有突出的"历史[①]性"。

#### 2. 记录性

档案的"记录性"，指档案是基于某种需要而有意识地通过特定方式与方法形成和积累的。

（1）任何档案的形成都是有意识的，是人类有意识地制作和使用文件，并有意识地将档案文件中具有保存价值的部分经规范集中和系统整理后转化而来的。

（2）文件和档案都以文字、声音、图像、数字、图形、线条等符号记录了当时、当事和特定主体开展工作、处理事务的具体思想和活动过程及其成果情况。文献所蕴含的知识与信息是人们用各种方式有意识地将其记录在载体上的，而不是天然荷载在物质实体上的。

总之，"原始的历史记录"是档案的本质规定性，是档案区别于图书、资料、文物等若干种非档案事物的显著标志和本质特点；"原始的历史记录"也是档案的根本价值所在。由此决定，只有维护档案的真实历史面貌才能保证档案的根本价值。任何对档案真实性的破坏，将严重损害档案根本价值。

当然，档案一方面与文物、图书、资料、情报、文件等有质的区别；另一方面，它们之间也客观地存在着内容不同、程度不同的某些联系，有时甚至呈现出交叉、重合的关系。因此，在实践中一方面要按档案自身的特点管理档案，另一方面要适应信息资源管理的时代要求，积极推进档案与图书、资料、情报、文件等的管理一体化。

#### （二）信息属性

信息是客观世界中各种事物变化和特征的最新反映，是客观事物间联系的表征，是客观事物经过传递后的再现。信息是事物的普遍属性，是人们感知事物的中介，能

---

[①]　何谓"历史"？其含义可以从三个方面认识：一是指时间上的"过去"；二是指"事物发生、发展的全过程"；三是从我们认识和研究历史的目的上讲。

够给人们提供事物性质及运动状态的知识,消除不确定性,向有序化和组织化方向发展。信息来源于物质,但又可以脱离物质而被传递和贮存;信息与载体具有不可分性,必须依附于物质载体而存在和交流。信息按产生先后和加工程度可分为零次信息、一次信息、二次信息和三次信息;按存在领域可分为自然信息、社会信息和知识信息;按来源与表现形态可分为直接信息和间接信息。信息,特别是间接信息,具有比较显著的价值性、传递性、可存贮性、可加工性、延续性、可继承性和可开发性等特性。因而,信息在一定条件下可以转化为生产力或者呈现出其他方面的价值。

档案的信息属性如下:

第一,原生性。档案信息的原生性是档案信息的产生特征,信息按照形成特征可分为原生性信息和派生性信息。档案是人们社会活动形成的"第一手材料",是事物发生、发展、变化的原始记录,它是没有经过处理的原始信息。它可以作为其他信息进行再加工的原材料,从而产生情报、图书、资料等派生性信息。档案信息的原生性决定了档案信息与其他信息的不同地位。

第二,真实性。档案是历史真迹,因此真实性是档案信息的价值特征。它最原始、最真实、最具体地反映事物的本来面貌,是令人信服的真凭实据。档案信息的真实性决定了档案信息的特殊价值——凭证作用。

第三,广泛性。人类的社会实践历史悠久、丰富多彩。作为历史真实记录的档案,广泛性是档案信息的来源特征。人类社会实践的延续不断、无穷无尽,又使档案信息具有取之不尽、用之不竭的特点。档案信息来源的广泛性,使档案信息在社会活动的各个领域、各个方面发挥广泛的作用。

总之,信息技术迅速发展,信息领域的变革促进了档案领域的历史性变革。一方面档案信息受到了社会广泛关注和重视,社会对档案信息的需求被深度激发,档案信息共享成为历史的必然和潮流;另一方面,各种信息存取技术、新型文献载体、大容量数据库以及局域网、国际互联网的广泛应用,为档案信息的管理和利用提出了新要求、提供了技术支持。新技术、新需求,彰显了档案的信息属性和信息价值,促进了广泛而强烈的社会需求的迸发,极大地推动了档案信息化建设的进程。

### (三)知识属性

档案是人类认识和改造世界的记录,是知识[①]的一种载体。档案是人们社会实践活动的历史记录。它反映了人类社会各个历史时期,在政治、经济、军事、外交、科学技术、文化艺术、教育和卫生等各个方面的实践经验,是古往今来人们积累起来的知识宝库。知识是有继承性的,前人的知识后人要继承。

---

① 知识,是人类的认识成果,它来源于人们的社会实践,是人的主观世界对于客观世界的概括和反映。

档案是人类知识的结晶，是后人学习和借鉴前人知识的重要工具。人类以前人的终点为起点，才能不断地进步和发展。档案始终可以充当人类社会向前发展的起点线。档案是人类积累知识的一种手段，它对人类社会活动的记录是日积月累、年复一年、始终不断地进行着的。档案的这种形成特点和存在特点，决定了它具有积累、存贮和传授知识的职能。档案是人们获得知识的重要途径之一，还是人们进行知识再生产的一种重要资源。

### （四）资源属性

　　档案具有资源[①]性，是一种重要的知识资源、信息资源。档案的资源属性和资源价值是显著的。从文化的角度上分析，档案不仅具有知识性、信息性、资源性，还具有显著的文化性，一是因为档案的产生和历史演进本身就是人类文化的产物和文化发展的结果，档案就是文化的一种表现形式；二是因为档案还直接具有记载和积累文化的作用；三是档案具有传播文化的功能，是一种重要的文化传播手段。从这个意义上说，档案又是一种文化资源。

　　总之，档案是一种知识，是一种信息，是一种文化产物和文化承载与传播形式，是社会资源的重要组成部分。

# 第三节　档案的价值与作用

## 一、档案的价值

　　档案的价值，是指档案的利用价值，亦即档案对社会需要的满足或者说是档案对满足社会需求的有用性。档案的价值是档案和档案管理工作存在与发展的生命力之所在。档案能够满足社会需要的有用性，虽然其具体表现呈现出多样性、变动性，但归纳起来，基础性的价值主要有两方面：凭证价值、参考价值。

### （一）凭证价值

　　档案的凭证价值是指档案由其本质属性决定而具有的证据价值，可以起到其他文献无法比拟的证据作用。档案的凭证价值是档案最基本和最基础的价值，从档案形成过程

---

①　资源是指能够带来经济效益和社会效益的要素。现代意义上的资源观，不仅要看到人、财、物等资源，而且还要从更广阔意义上理解资源。例如，知识是资源，信息是资源，关系是资源，渠道是资源，建议是资源，客户是资源，商标、品牌、厂名、地理位置是资源，商誉是资源，诚信度是资源，机制是资源，管理方法是资源，思想观念是资源等。

及其结果上看，档案是从当时、当事直接使用的文件转化而来，并非在使用之际临时编造的，它客观地记录了以往的历史情况，是历史真迹，是令人信服的历史证据，具有无可置辩的证据作用。

从档案本身的物理形态上看，文件上保留着真切的历史标记。如有的文件上有当事人的亲笔签署或批示，有的文件上有机关或个人的印信，而有的文件上则有原来形象的照片、录像和原声的录音等，这些就成了日后查考、研究、争辩和处理问题的依据。这些原始标记进一步证明了档案是确凿的原始材料和历史证据，是真实的历史凭证。

### （二）参考价值

档案作为人类实践真实的原始记录，客观记录了实践的思想、活动经过、实践方法与技术、成绩与问题、经验与教训以及对有关实践活动规律的认识等。而且档案来源非常广泛，记录的知识信息内容极其丰富。参考价值是指档案因其基本属性所决定而具有的对他地、他人、他事的借鉴价值。

档案中有成功的经验和失败的教训，有思想观点和实践事实，既涉及社会的变革又涉及生产的发展等。这些都可为后人和他人提供借鉴，使我们在工作和学习中少走弯路，尽快达到目的。人类社会发展的连续性、承继性，需要档案发挥参考甚至依据作用。与图书资料等相比较，档案的参考价值具有更强的可靠性、系统性，档案是原始记录，是第一手资料，同时，档案是在人类活动中形成的，具有来源广泛、内容丰富的特点，是可以满足各类社会组织和个人广泛利用需求的。任何单位或个人，遇有难题，都可以到档案部门参考档案，寻找答案。

## 二、档案的作用

档案的作用是指档案对人们的社会实践活动所产生的积极影响，同时，档案作用的发挥具有一定的规律性，了解这方面的知识对于我们做好档案工作具有重要的意义。

### （一）工作的查考凭据

档案记录了各种机关、单位过去活动的状况，其中包括行使行政职权的法律依据、处理行政事务的过程与结果，以及管理活动的经验，它是任何一个政府、任何一个机关单位连续工作必须查考的凭据。档案可以为机关、企事业等单位的领导工作和业务管理，提供证据和咨询资料，借以熟悉情况、总结经验、制订计划、进行决策、处理各种问题。

### （二）建设的参考依据

档案中记载了各种生产活动的情况、成果、经验和教训。从自然资源、生产手段到生产过程以及计划管理和生产技术等各方面的信息，这些可以作为工农业生产和经济管理的科学依据和参考材料。

当今日益增多的科学技术档案，更是进行现代化生产管理和科学技术管理的重要条件。它们都能为以经济建设为中心的现代化建设提供咨询研究、统计监督的情报信息，对制订经济计划，检查和总结生产情况，推广先进生产技术和管理经验以及防止灾害等，都是重要的参考材料。

### （三）研究的可靠资料

科学研究是在现有的材料上潜心钻研，探索事物发展的规律后，产生新的突破。档案可以从两方面为科学研究提供丰富的历史资料：

第一，专门进行科学研究的原始记录，可供现实的研究工作直接借鉴。

第二，从记录的广泛事实和经验中，为各项研究活动提供大量的实验、观察和理论概括的基础材料。所以，档案是科学研究的必要条件。

### （四）教育的生动素材

档案再现了丰富多彩的历史，因而档案在不同形式的教育中都发挥着重要的作用。与其他宣传素材相比，档案以原始性、直观性、具体性和生动性等特点见长，利用档案开展宣传教育具有强烈的说服力和感染力，有助于收到良好的成效。档案部门应充分认识这一点，努力把档案馆（室）建设成国家、社会、单位宣传教育的重要基地。

# 第四节　档案管理的内涵与原则

## 一、档案管理的内涵

### （一）档案管理的主要内容

档案管理就是用科学的原则和方法管理档案，为国家各项事业服务的工作。现代的档案管理可以分为档案实体管理和档案信息开发两个子系统：①档案实体管理分收集、整理、鉴定、保管、统计等工作环节；②档案信息开发又分信息加工和信息输出两部分，信息加工由编制目录、编辑文献汇编和编写参考资料构成，信息输出由提供阅览、复制、咨询、函调、外借以及出版、展览等多项服务活动构成。因此，整个档案管理系统及其子系统在运行中都形成反馈机制。

随着档案管理现代化，还将对档案管理工作的结构产生新的影响。档案管理的最终目的是提供档案信息为社会实践服务，档案管理系统的结构即根据这一目的而设置。其中每项工作都不可或缺，并有特定的程序。它们组成一个有机整体，为实现档案管理系统整体功能而发挥各自的作用，同时也相互关联、相互制约。例如价值鉴定工作有时与收集、整理工作结合进行，甚至在文件立卷归档时就进行初步鉴定。

### （二）档案管理的分类方法

#### 1. 档案管理的一般分类方法

第一，根据文件的产生时间划分，具体包括年度分类法、时期分类法两种。

第二，根据文件来源划分，包括组织机构分类法、作者分类法、通信者分类法三种。

第三，根据文件的内容划分，包括问题分类法、实物分类法、地理分类法三种。

第四，根据文件的形式划分，包括种类分类法、制成材料分类法、形状分类法三种。

#### 2. 档案管理的常用分类方法

第一，年度分类法。年度分类法[①]是根据形成和处理文件的所属年度将全宗内档案分成各个类别。

第二，组织机构分类法。组织机构分类法是根据文书处理阶段形成和处理文件的承办单位进行分类，即按照立档单位的内部组织机构将全宗内档案分成各个类别。

第三，问题分类法。问题分类法就是按照档案内容所说明的问题将全宗内档案分为各个类别。

### （三）档案管理的特征

档案管理是由非独立系统到独立系统、由简单管理到复杂管理、由经验管理到科学管理、由手工管理到计算机管理、由封闭系统到开放系统而发展的。档案管理的特点如下：

第一，档案管理是一种管理性工作。档案管理工作不生产物质财富，档案也不是主要由档案管理机构和档案工作人员产生和利用，它是专门负责管理各部门形成的历史文件的一种工作，所以是管理性工作。

第二，档案管理是一种服务性工作。主要体现为两方面：①档案管理系统不是孤立的，而是各项社会管理系统中不可或缺的组成部分。②档案部门虽然也研究档案、进行编著等活动，但其目的还是为了更好地满足社会的利用需要，仍具有服务性。

---

① 也称年代分类法。

## 二、档案管理的原则

### （一）维护档案完整与安全原则

档案的完整是指确保档案内容的联系性和真实性以及档案数量的齐全。档案的安全是指档案实体的安全和档案机密的安全。维护档案的完整与安全，是档案管理工作的基本要求。只有保证档案的完整与安全，才能为档案工作提供必要的物质基础。档案管理要保证档案的物质安全和政治安全，即积极地采取保护措施，力求档案不受损坏，延长档案寿命；保护档案免遭破坏，严守档案机密不被盗窃。

### （二）统一领导、分级管理原则

统一领导、分级管理是我国档案工作的组织原则和管理体制，其含义主要表现在以下方面：

第一，在各级人民政府的统一领导下，全国各地的档案工作由各级档案管理部门统一、分级[①]、分专业[②]进行管理。其中，统一领导是指对全国的档案工作制定统一的方针、政策和档案法规，实行统一领导、监督和检查。

第二，各级各类档案管理机构应当对我国的全部档案进行集中管理。各级机关、各类团体以及各种企业、事业单位的档案，应由各单位的档案管理机构进行集中管理，不得分散保存。各机关、团体及企、事业单位中需要长期保存的档案，应由各级档案馆集中保管，未经规定和批准，不得将任何档案进行任意转移、分散或销毁。

第三，党政档案和党政档案工作实行统一管理。全国的党政档案工作由党和政府直接领导，各级档案管理机构对各级党政机关的档案工作进行统一指挥、监督和检查，在机构归属上，各级档案管理机构既是党的机构，又是政府机构。

### （三）便于社会各方面的利用原则

档案管理工作的根本目的，是便于社会各方面的利用。档案工作的各个环节，都应从档案利用的角度进行考虑，档案工作是好是坏，应以是否便于利用为衡量标准。

档案管理的三个基本原则是辩证统一的关系。统一领导、分级管理是核心，没有统一领导、分级管理，就难以实现档案维护的完整与安全，从而不便于社会各方面的利用；如果不考虑档案的利用，那么统一领导、分级管理和档案的完整与安全将变得没有意义和方向。

---

① 分级管理是指全国的档案工作由各级档案管理机关分层次进行管理。

② 分专业管理是指按照全国档案工作管理的统一要求，中央和地方专业主管机关结合本专业的实际情况，制定本专业的档案管理法规和制度，指导、监督和检查本系统内各个单位的档案管理工作。

# 第二章　档案管理的业务流程

## 第一节　档案的收集与整理

### 一、档案的收集

档案的收集是指按照国家有关规定、制度和方法，将分散在各单位或各单位内部机构和个人手中的档案以及散失在国内外的档案，有计划地分别集中到有关档案室和各级各类档案馆，实行集中统一管理。"档案收集是档案工作的基础和起点，档案收集的质量和数量直接影响着档案管理工作的效率。"①

#### （一）档案的收集要求

第一，完整性要求。档案的收集要保证档案价值的完整性和真实性，注意档案的齐全和完整，一是要保证档案在数量上的齐全；二是要维护档案在质量上的有机联系和历史真实面貌，确保档案的齐全完整。

第二，安全性要求。档案的应用、参考、更新等一切的功能都是以档案安全为基础的。档案收集的安全性包括了档案实体的安全和档案信息的安全。档案实体的安全，很重要的影响因素是注意保管环境的安全；档案数据信息的安全，其主要影响因素则包括了内容安全和计算机管理交流的安全。档案的安全性在档案管理系统中尤为重要，是信息得以完整延续的重要保障。

第三，科学性要求。现代档案收集工作要求管理技术的科学性和管理模式的科学化，这两者是档案管理发展的重要因素，其中管理模式的科学化尤为重要，只有真正实现了档案管理模式的科学化，才能有效提高档案管理工作的质量，提高档案信息的准确性、

---

① 马婉，黄洁，郑红倩. 浅谈如何做好高校档案收集工作 [J]. 兰台内外，2021（25）：82.

有效性，充分发挥档案的价值。

第四，规范化要求。档案的规范化是发挥档案管理社会效益和经济效益的必然要求。严格规范档案各环节的管理，建立健全档案管理各项制度，形成标准化、规范化的档案管理模式有助于科学管理各类档案资料，促进档案管理发展。

第五，现代化要求。档案收集的现代化要求即以系统论等现代管理科学为指导，运用现代管理方法和手段，采用先进的管理技术与设备，充分发挥档案管理人员的主动性、积极性和创造性，对档案管理的传统方式进行改革，加快实现其系统化、定量化、信息化、智能化管理。档案管理现代化是现代社会发展的必然结果，也是档案管理部门主动迎接新科学技术挑战，为推进社会现代化而进行的变传统档案管理为现代档案管理的过程，是新时期社会发展和档案事业发展的必然趋势。

### （二）档案室中的档案收集

#### 1. 档案室的基本认知

档案室是各组织统一保存和管理本单位档案的内部机构，是整个单位的组成部分。从全国档案工作来说，档案室是国家档案工作组织体系中最普遍、最大量、最基层的业务机构。

（1）档案室的性质。档案室作为全国档案工作体系中最基层的档案业务机构，主要表现出三个方面的性质：

第一，档案室是机关的内部组织机构。机关档案室工作，是机关工作的组成部分，是机关为适应档案管理的自身需要建立的一种专业组织，从事本单位内档案工作的组织管理及档案的保管与提供利用工作。从这一点上看，档案室具有对本机关的依附性。

第二，档案室是保存档案的过渡机构。档案源于形成者，是机关管理活动的记录。为了满足档案形成者自身的需要，由本机关在一定时期对档案进行管理、利用是必需的，也是合理的。但是，从国家和社会的整体利益出发，为了使档案成为社会共享的财富并获得良好的保管，档案室也有向国家档案馆移交档案的义务。因此，档案室一般不可能成为永久保管档案的基地，在档案保管上只能是一种过渡性、中间性的档案机构。

第三，档案室的主要任务是服务于本机关。档案室档案的来源局限于本机关，室藏档案构成具有单一性。从档案室档案的价值形态来看，一般仍是处于第一价值阶段，其对机关日常管理工作仍具有很强的现实作用。因此，档案室的服务方向、服务对象、服务范围基本局限于机关内部。

（2）档案室的作用。档案室的作用主要表现在两个方面：

第一，档案室是单位内具有参谋和咨询作用的部门，它是单位工作的助手，为单位的领导和单位内各部门的工作提供档案材料，为单位的工作和生产活动服务。档案室是单位工作的组成部分，是维护单位历史面貌的重要工作。

第二，档案室是全国档案工作的基础。单位档案室是国家档案不断补充的源泉，国家档案的完整程度和不断积累，首先取决于档案室；在全国档案工作组织体系中，档案室是档案形成后首先提供利用，并且大量发挥现实作用的阵地；档案室是先期保管具有长远价值档案的过渡性机构，它为档案馆工作创造条件。

（3）档案室的任务。档案室的基本任务是集中统一地管理本机关各部门形成的各种门类和载体的全部档案，为本机关各项工作服务，并为国家积累档案史料。其具体任务主要有三个：

第一，对本单位文书部门或业务部门文件材料的归档工作进行指导和监督。

第二，接收和保管本单位各部门应归档的档案材料，进行必要的整理、鉴定、统计、编目和研究，积极开展利用工作，同时收藏和管理一些有关的内部书刊等资料，配合档案提供利用。

第三，定期把具有长远保存价值的档案向档案馆移交。

（4）档案室的类型。我国档案室数量大、分布广、类型复杂，归纳起来主要有以下类型：普通档案室、科技档案室、音像档案室、人事档案室、综合档案室、联合档案室、档案信息中心。

第一，普通档案室。普通档案室通常也称为机关档案室、文书档案室，是主要负责管理文书档案的档案室。这种档案室在全国最普遍，数量最多。党政机关、团体、学校等单位的档案室都属于这一类。

第二，科技档案室。科技档案室是指保管科技档案的专门档案机构。在工厂、设计院、科学技术研究院等单位一般都设有科技档案室。科技档案室主要为本单位生产和科研服务。

第三，音像档案室。音像档案室是管理照片、影片、录音带等音像档案的档案室。电影公司或制片厂、新闻摄影部门、报社或者通讯社、唱片厂等单位，一般都设置有这种档案室。其他各类机关也会在日常工作中形成一些照片、录音带等特殊载体的档案，但由于数量有限，因此一般不专设这种档案室，而是由普通档案室统一管理。

第四，人事档案室。人事档案室是机关、企事业单位在人事部门设置的管理人事档案的专业档案室。这种档案室比较普遍。由于人事档案自身的特殊性，它一般与其他各类档案分开管理，这就有必要专门设立人事档案管理的部门，它通常依附于机关内人事管理部门或组织部门，有的也称为干部档案室（科）。

第五，综合档案室。综合档案室是指统一管理本机关全部档案的档案室。它比分设各种档案室更优越，既精简了机构，又有利于加强本单位档案工作的集中统一管理，便于档案信息的综合开发。

第六，联合档案室。联合档案室是指若干性质相近、关系密切、驻地集中的单位联合成立的档案室。同一地区，特别是在同一市镇内的一些机关联合起来设立一个档案机构，负责保存和管理这些机关形成的档案，这种机构通常就是联合档案室。这种档案室共同管理各单位档案，也称为档案服务中心，类似某些国家的文件中心。联合档案室有利于档案的保护和利用，也有利于节约人力、物力和财力，精简机构和编制。

第七，档案信息中心。有的单位也称信息中心。一些大型企业单位将档案、图书、情报一体化管理，在原有图书机构、档案机构或情报机构的基础上设立统一的信息管理实体机构。这种组织形式便于建立计算机管理系统，实行现代化管理，同时也有利于实现对信息资源的联合开发利用。

### 2. 档案室档案的收集范围

机关、企事业单位档案室档案的收集范围主要包括：本单位工作活动中形成的各种门类和载体的全部档案，这是档案室收集档案的主要来源；与本单位业务工作有关的资料；代管与本单位有关的撤销或合并机构的档案等三个方面。

### 3. 档案室档案的归档制度

（1）归档制度的必要性。各单位在工作活动中产生的文件材料办理完毕后，不得由承办部门或个人分散保存，必须由文书部门或业务部门系统整理，定期移交给本单位档案室集中管理，这就是归档。在我国，归档是国家明文规定的一项制度，并且以法律的形式固定下来，这就是通常所说的归档制度。归档制度是档案收集工作的重要内容和最基础的工作，建立健全归档制度能够确保档案室档案来源的连续性，为国家积累档案财富提供重要保证。

（2）归档制度的内容。归档制度包括归档范围、归档时间、归档要求和归档手续等内容。

第一，归档范围。归档范围是指一个单位产生的所有文件中需要归档的部分。根据国家规定，凡是反映本单位工作活动、具有查考利用价值的各种形式和载体的文件材料均属归档范围。

各单位应以国家档案局的规定为依据，结合自身职能和各部门工作实际，全面分析和鉴别本单位或本系统文件材料的现实作用和历史作用，制定适合本单位使用的更为详细的文件材料归档和不归档具体范围。

第二，归档时间。归档时间是指文书处理部门或业务部门将需要归档的文件材料向档案室移交的时间。相关规定如：机关文书部门或业务部门一般应在文件办理完毕后的第二年上半年，即在次年6月底以前向档案部门移交；企业在经营管理工作、生产技术管理工作、行政管理工作、党群工作中形成的文件，一般应在办理完毕后的第二年第一季度归档。

第三，归档要求。归档要求包括：①归档的文件要齐全、完整，即归档文件材料应做到种类齐全、份数完整，每份文件不缺张少页。②归档文件要系统条理，归档文件材料要按不同特征结合不同保管期限进行整理，形成一个具有内在联系、能够反映单位活动的基本面貌、便于保管和利用的保管单位。保管单位可以是单份文件，也可以是案卷。③归档文件要进行基本的编目，要依次编定页号或件号。以卷为单位，则须逐件填写卷内文件目录和卷末备考表。案卷装订后，按规定逐项准确填写案卷封面，并对案卷进行排序，编制案卷移交目录。

第四，归档手续。归档手续是指文书部门或业务部门在向档案室移交档案时应履行的手续。档案交接双方应当根据档案移交目录清点核对，确认无误后，方可履行签字手续。移交目录一般一式两份，交接双方各存一份。

### 4. 档案室档案的归档组织与检查工作

（1）档案室对文件的形成和积累应进行督促和指导。档案室有责任对文书处理工作制度、文件的用纸、书写格式和书写材料等方面存在的问题，向领导和业务部门反映情况，提出意见和建议，力求自上而下明确有关规章制度，对文件的形成建立有效的保障机制，以保证归档文件的完整。档案室的工作人员不仅要通过推行归档制度将已经形成的文件收集齐全，而且要督促和指导文书部门或业务部门关注文件的形成与办理过程中的各种情况。

（2）档案室应指导、协助文书部门或业务部门做好归档工作。档案室应指导、协助文书部门或业务部门做好文件材料归档前的准备工作：

第一，协助选择正确的归档部门。选择归档部门即归档工作放在单位内哪一级机构，由谁负责归档。一般来讲，归档工作应与文件工作的组织形式相适应。

第二，划定科学的归档范围。为了避免重复归档和防止遗漏文件，档案室还必须协助文书处理部门划定科学的归档范围，明确单位和单位之间、单位内部机构之间的分工，特别是对于分散归档的单位，一定要确定各部门归档范围，做到分工明确。

第三，协助编制归档类目。归档类目又称为"预归档"，是在文件尚未形成之时，事先编制的归档计划。归档类目通常是由文件形成部门、单位档案室、文件承办人员和秘书部门共同在当年年初或上半年，按照归档的要求和方法及预计可能产生的文件种类而拟制的详细而具体的归档工作方案。

（3）档案室应对档案质量进行检查。文书部门或业务部门整理结束后，档案室应全面检查预归档文件的整体质量，如应当归档的文件数量和种类是否收集齐全，内容是否全面反映单位的主要工作活动，保管期限是否划分准确，编制的目录是否符合国家有关标准和要求。

**5. 档案室档案的平时收集工作**

平时收集是指档案室在执行归档制度之外对零散文件的收集。

（1）"账外"文件的收集。"账外"文件是指未经单位文书部门登记入账，在收、发文登记簿上无"账"可查的文件。"账外"文件主要有：本单位召开的各种会议文件材料；本单位领导人和业务人员外出开会或参观学习考察等活动中获取的文件材料；外单位直接寄发给领导人"亲启"的文件或直接给部门和有关人员的文件材料；本单位内部各种规章制度、统计数字材料等。

（2）专业文件的收集。专业文件是指在各项专业活动中形成的文件和特殊载体的文件材料。档案室在重视对文书档案、科技档案收集的同时，还应重视对各种专业文件的收集；在重视对纸质文件收集的同时，还应健全归档制度，重视对音像等其他载体文件的收集，确保档案室保存的文件门类齐全。

（3）零散文件的收集。零散文件的形成原因主要有两个方面：

第一，某些单位由于归档制度未建立或归档制度执行不严，致使文件材料分散保存在内部机构、领导人或业务人员手中，特别是未经收发室登记的文件和某些内部文件。

第二，由于机构调整、人员变动或发生搬迁、灾害等特殊情形，使归档文件不齐全、不完整。

**（三）档案馆的档案收集**

**1. 档案馆的基本认知**

档案馆是集中管理档案的专门机构，是永久保管档案的基地，是科学研究和利用档案史料的中心。

（1）档案馆的性质。第一，从档案馆管理的对象来看，它是一种重要的历史文化遗产和精神文化财富。第二，从档案馆的活动方式和工作成果来看，档案馆的工作是一项研究性工作。参与编史修志，汇编各种研究成果，并通过多种方式提供档案利用。第三，从档案馆的职能来看，它不仅肩负科学管理档案的重任，而且致力于社会化的服务工作。档案馆以其对国家、社会、历史的重大意义而成为一项重要的事业。

（2）档案馆的职责。档案馆的基本职责是：集中统一管理国家需要长远保管的档案和有关资料，维护历史的真实面貌，为现实的社会主义现代化建设和未来的长远需要服务。

（3）档案馆的任务。档案馆的具体任务主要有三方面：①接收与征集本级各机关、团体及其所属单位具有长期和永久保存价值的档案以及有关资料，并实现科学管理；②

通过多种方式，积极地开展档案资料的利用工作；③参与编史修志。

（4）档案馆的类型。

第一，综合档案馆。综合档案馆是按照行政区划或者历史时期设置的管理规定范围内多种门类档案的具有文化事业机构性质的档案馆。这类档案馆中，有按照历史时期设置的，如中国第一历史档案馆、中国第二历史档案馆；也有按照行政区划设置的，如四川省档案馆、成都市档案馆。综合档案馆一般分别隶属于各级党和政府，收集保管国家在各方面管理活动中形成的档案。根据综合档案馆所处层次的不同，可分为中央级和地方级综合性档案馆两种类型。综合性档案馆数量众多，是我国国家档案馆和档案事业的主体。

第二，专业档案馆。专业档案馆是管理特定范围专业档案的档案馆，它可以按照载体形态设置，也可以按照某一专门领域设置。这种档案馆中，有按照载体形态设置的，如中国电影资料馆、中国照片档案馆；也有按照某一专门领域设置的，如中国地名档案资料馆。

第三，部门档案馆。部门档案馆是专业主管部门设置的管理本部门及其直属机构档案的档案馆，如外交部档案馆、公安部档案馆、交通运输部档案馆。

第四，企业档案馆。企业档案馆是企业设置的收藏和管理本企业档案的档案馆。企业档案馆具有档案馆的一般属性，但是只收藏和管理本企业档案，主要服务于本企业。

第五，事业单位档案馆。事业单位档案馆是事业单位设置的管理本单位档案的档案馆，如高等院校档案馆。

**2. 档案馆中档案的收集范围**

档案馆档案的来源主要有：接收现行单位的档案；接收撤销单位的档案；征集社会散存的档案。必要时，档案馆之间还要开展交换档案的活动。

（1）各级综合档案馆档案收集范围。

第一，依法接收本级下列组织机构的档案：中国共产党委员会及所属各部门；人民代表大会及其常设机构；人民政府及其所属各部门和单位；人民政协及其常设机构；人民法院、人民检察院；各民主党派机关及工会、共青团、妇联等人民团体；国有企业、事业单位。

第二，可全部或部分接收以上机构的下属单位和临时机构的档案。

第三，乡镇机构形成的档案列入县级综合档案馆接收范围。

第四，本行政区内重大活动、重要事件形成的档案，涉及民生的专业档案。

第五，经协商同意，综合档案馆可以收集或代存本行政区内社会组织、集体和民营企事业单位、基层群众自治组织、家庭和个人形成的对国家和社会有利用价值的档案，也可以通过接受捐赠、购买等形式获取。

（2）各级部门档案馆档案收集范围。各级部门档案馆，收集本部门及其直属单位形成的档案，但其中履行行政管理职能的档案，要按有关规定定期向综合档案馆移交。

（3）各级专门档案馆档案收集范围。各级专门档案馆，收集本行政区内某一专门领域或特定载体形态的专门档案或档案副本。

（4）国有企业、事业单位设立的档案馆档案收集范围。国有企业、事业单位设立的档案馆，收集本单位及其所属机构形成的档案。国有企业发生破产、转制，事业单位发生撤销等情况，其档案可按照有关规定由本级综合档案馆接收。

各档案馆还要适应信息化建设的需要，收集电子档案和纸质档案的数字化副本。有条件的档案馆应根据国家灾害备份的要求，建立电子文件备份中心，开展电子文件备份工作。档案馆在收集档案时，应同时收集有助于了解档案内容、立档单位历史的资料，收集有助于管理和利用档案所必需的专用设备。各级各类档案馆要根据规定制定本馆的收集档案范围细则和工作方案，并报经上级档案行政管理部门同意后方可施行。

### 3. 档案馆中档案的接收要求与期限

（1）档案馆中档案的接收要求。为保证接收工作的顺利进行，档案馆在接收档案时，一般应符合如下要求：

第一，档案收集完整。进馆档案应按全宗整理，保持全宗的完整性。一个全宗范围内文书档案、科技档案、音像档案和实物等各种门类和载体的档案应作为一个整体，统一移交给一个档案馆。

第二，限制利用意见明确。对自形成日期满 30 年仍能对外开放的档案，各有关单位应在移交时提出明确的限制利用意见。政府信息公开部门应对移交档案中涉及政府公开信息的，书面告知其原有公开属性。

第三，档案整理编目规范。档案由有关单位收集齐全并按规定进行系统整理。

第四，档案检索工具齐全。接收立档单位档案的同时，应将其编制的组织沿革、全宗介绍、案卷目录等有关检索工具以及与全宗相关的各种资料一并接收。

第五，清点核对手续完备。档案移交时，交接双方必须根据移交目录清点核对无误，并在交接文据上签字盖章，一式两份分别由双方单位保存。

（2）档案馆中档案的接收期限。为了保证国家档案馆馆藏档案有稳定而可靠的来源，同时也为保证国家档案得到安全保管和有效利用，各机关、团体、企事业单位和其他组织，应当按规定定期向有关的国家档案馆移交档案。

### 4. 档案馆中档案的收集方式

一般而言，档案馆对档案的收集方式主要有两种：逐年接收和定期接收。逐年接收即每年接收一次档案，定期接收就是每隔一定时期（三年、五年）接收一次。但是，档案馆对科技档案的收集方式有所不同，实行相关单位主送制和科技档案补送制。

（1）相关单位主送制。对于普通文书档案而言，应按要求将其中具有永久和长期保存价值的所有档案都移交进馆。科技档案则不采取这种普遍接收进馆的制度，而是实行相关单位主送制，即对不同种类及不同项目的科技档案，按照国家有关规定，分别确定报送单位，主送单位报送档案中的不足部分由其他有关单位补充移交。

（2）科技档案补送制。建立补送制的目的，是为了及时反映进馆档案所涉及的科技、生产项目的发展、变化情况，保持馆藏科技档案的完整性和准确性。例如，进馆档案所反映的基建项目进行重大改建、扩建，产品改型、换代等，在这些情况下，原移交单位要向档案馆补送相关的科技档案。

（3）协作项目科技档案的收集。任何一个科技协作项目，都有主持单位和参加单位，参加单位可能很多，但主持单位一般只有一个。因此，要以主持单位为收集主渠道，负责协作项目科技档案的归档和移交工作。具体做法是：各参加单位负责将各自承担任务中形成的科技文件材料收集齐全，经鉴别整理，按固定手续移交给主持单位；由主持单位将该项目中形成的全部科技文件材料进行系统整理，统一向科技专业档案馆移交。当本单位只是该协作项目的参加单位时，应将有关参与部分的科技文件材料按要求整理归档，如需要收集该档案，可向主持单位提出要求，以复制件形式进行收集。

### 5. 档案馆对变动机构档案的接收

近年来，由于经济、文化等组织机构和体制的进一步发展，以及行政区划变动等原因，不少机构发生变动。机关、国有企事业单位一旦撤销或发生变动，各档案部门应按照相关规定对档案做好妥善处理。

（1）撤销机关档案的接收。机关撤销或合并必须将本机关的全部档案进行认真整理，妥善保管，严禁分散、丢弃档案，并按《机关档案工作条例》所明确的基本准则进行处理：

第一，撤销机关的档案，应当由撤销机关负责整理和鉴定，并按规定将全部档案移交给有关档案馆或由主管机关代管。

第二，一个机关撤销后，如果业务分别划归几个机关，其档案材料不得分散，应当作为一个整体由其中一个机关代管或向有关档案馆移交，以保持全宗的完整性。

第三，一个机关并入另一个机关或几个机关合并为一个新的机关，其档案材料应作为一个独立的全宗由合并后的新机关代为保管，或直接向有关档案馆移交。

第四，一个机关内一部分业务或者一个部门划归另一个机关，其档案材料不得从原全宗中抽走并带入接收机关，如果接收机关需要利用，可通过借阅或复制等方式协商解决。

第五，机关撤销或合并时，如果留有尚未处理完毕的文件材料，可以移交给新的机关继续办理，并作为新的机关的档案加以整理和保存。

第六，一个机关改变了领导关系，在其工作活动中形成的全部档案仍属原来的全宗，实行集中统一管理。

第七，各种临时工作机构撤销时，其档案应向有关的主管机关或档案馆移交。

（2）国有企业资产与产权变动档案处置与接收。国有企业档案是国有企业全部活动的真实记录和宝贵财富，是企业资产的依据和凭证，属国家所有。国有企业在资产与产权变动中，要按相关规定做好档案处置工作，确保其完整与安全。

第一，国有企业资产与产权变动档案的处置，原则上分类进行：基建档案、设备仪器档案随其实体归属；产品、科研档案（其中含专利、商标、专有技术等档案）按有关政策法规办理，没有规定的由双方商定处理；会计档案按相关规定执行；生产技术管理、经营管理档案由双方商定，可移交接收方，亦可随党群工作、行政管理档案移交企业主管部门或寄存所在地国家档案馆。法律、行政法规有特殊规定的，依照法律、行政法规的规定处理。

第二，国有企业之间兼并的，被兼并企业的档案归属于兼并企业或新设置的企业，由兼并方统一管理，单独保存。国有企业与国有企业合并，其档案处置按国有企业之间兼并的档案处理办法办理。

第三，国有企业被集体、私营和中外合资、合作等非国有企业兼并的，其党群工作、行政管理、生产技术管理、经营管理类档案按隶属关系移交企业主管部门或寄存所在地国家档案馆，也可由企业主管部门或所在地档案行政管理部门指定有关的企业代为保管。

第四，国有企业依法实行破产暂无去处的档案，应移交企业主管部门或所在地国家档案馆。

第五，国有企业整体出售给国有企业的，其全部档案归属于买方。国有企业整体出售给集体、私营和中外合资、合作等非国有企业的，其档案处置按相关规定办理。

第六，国有企业实行承包、租赁的，其档案处置列入双方合同契约。承包、租赁前该企业的全部档案由发包、出租方安全保管，承包、承租方可以按有关规定查阅利用；承包、租赁期间形成的档案，由承包、承租方按国家有关规定负责收集、整理、保管，承包、租赁期满，向发包、出租方移交，并拥有使用权。

第七，国有企业以其全部资产改组为股份制企业的，改组后的档案另立全宗，由股份制企业管理。国有企业以部分资产改组为股份制企业的，进入股份制企业的部分，其改组前后的档案分立全宗，由股份制企业管理；未进入股份制企业的部分，其档案由原企业自行管理。

第八，国有企业实行股份合作制的，其档案原则上由改制后新设立的企业管理，也可向企业主管部门或所在地国家档案馆移交。

第九，国有企业与外商合资、合作，由中方控股、中方管理的，其合资、合作前的档案属国家所有，可作为独立全宗，保管在新的企业，供其所用。国有企业的分厂、车间与外商合资、合作的，合资、合作前的档案属原企业；合资、合作后的档案另立全宗，合资、合作期满，终止合同，其档案由中方保存，根据外方需要，可以提供复制件。

### 6. 档案馆对社会散存档案的收集

社会散存档案是指国家机构、社会组织和个人在历史上形成的、对国家和社会有保存价值的、尚在法定档案保管机构之外保存的档案。

社会散存档案的收集方式主要有两种，即接收和征集。具体通过正常接收、个人捐赠、委托档案馆保管、有偿征集或征购、相互交换等方法来展开。保存在有关单位的，按照现行单位和撤销单位档案交接方法，由有关单位负责向档案馆移交；个人保存的档案，主要依靠个人捐赠，即由个人主动地将其保存的档案捐赠给有关国家档案馆保存；档案馆在依靠个人捐赠的基础上，还可以适当采取一些有偿征集的方法，对个人保存的档案，经鉴别确有价值者，可以向个人支付适当报酬。档案馆还可以依据相关规定，对分散在个人手中可能导致严重损毁和存在安全隐患的档案，必要时采取征购的方法，使有关的档案能集中到档案馆妥善保管，以确保档案的安全。

## 二、档案的整理

档案整理工作是指按照一定的原则对档案实体进行分类、组合、排列与编目，使之系统化的过程。档案整理工作从性质上可分为系统化和编目两个部分，具体包括：区分全宗、全宗内档案分类、类内文件组合、案卷排列与编目。

### （一）档案整理的工作原则

档案整理工作应遵循保持文件之间的历史联系，充分利用原有基础，便于档案的保管和利用的原则。

文件之间的历史联系是指文件在产生和处理过程中所形成的联系，主要表现为文件在来源、时间、内容和形式等方面的联系。

充分利用原有基础，就是对已经整理的档案，只要有规可循、有目可查，应力求保持原先的整理结果和体系，不要轻易否定、随意重整。一般而言包含三种情形：在原有整理结果基本可用的情况下，维持原先整理状况不变，同时通过编制必要的检索工具来弥补其中的缺陷；某些整理结果明显不合理，可仔细研究，尽量在原来整理的体系内做局部调整；原有基础确实问题突出，严重影响了保管和利用，可以重新整理，但也应当尽可能吸收或保留其中的可取之处，包括原有的时间等标记。

便于保管和利用是档案整理工作的基本出发点和根本目的。在档案整理过程中，必须始终考虑是否便于保管和利用。

**（二）档案整理的工作程序**

第一，系统排列和编目。在正常情况下，档案室接收的是文书部门和业务部门按照归档要求组合好的文件材料，而档案馆接收的是各个单位档案室按照进馆规范系统整理的档案。因此，对于档案室和档案馆来讲，档案整理工作只是在更大范围内对接收进来的档案做进一步调整。

第二，局部调整。档案馆（室）在日常管理工作中，要定期对所藏档案进行检查，发现明显不符合要求、确实影响保管和利用的档案，有责任对不合理的整理状况进行局部的调整。

第三，全过程整理。档案馆（室）在收集档案过程中，由于种种原因，其中有些档案没有经过系统的整理，处于零乱状态，这就必须进行从全宗划分、组合、排列到编目的全过程整理工作。

**（三）全宗的整理**

**1. 全宗与立档单位的组织**

全宗是一个国家机构、社会组织或个人在社会活动中形成的具有有机联系的档案整体。一个全宗，反映了一个单位或个人活动的全过程。同时，全宗也是档案馆（室）对档案进行科学管理的基本单位。

（1）立档单位及其构成条件。立档单位是全宗构成者。社会上每一个独立的单位或个人，在行使其职能活动的过程中势必会形成一定的档案，这个单位或个人的所有档案之间具有一定的联系，这样一个档案整体为全宗，而形成这些档案整体的单位或个人，就称为"全宗构成者"，又称"立档单位"。

全宗按其形成的单位和内容性质，可以分为组织全宗和人物全宗，相应形成全宗的立档单位也有两类，即机关、团体、企事业单位和个人。

第一，组织全宗。由于各单位的实际情况相对比较复杂，判定哪些单位是立档单位，哪些单位的档案能够构成一个独立全宗，其主要标志是看这几个条件：可以独立地行使职权，并能主要以自己的名义对外单独行文；有专门的管理人事的机构或人员，并有一定的人事任免权；有独立的预决算，有单独管理财务的机构或会计人员。这三个条件是相互联系、相互制约的。在实际应用时，应以判定能否独立行使职权为中心，全面地分析研究有关单位职权的法规性、领导性文件和实际活动，合理判定立档单位。

第二，人物全宗。人物全宗[①]是指对社会有突出贡献或重要影响的个人在其一生活动中形成的档案整体。历史上一些著名的家庭、家族所形成的档案，也属于人物全宗的类型，形成人物全宗的个人、家庭、家族，也是立档单位。

个人全宗内的文件材料应包括：该个人自己形成的有关文件材料，如著作的原稿、手稿、书信、日记、笔记、遗书、遗嘱；有关人士撰写与收集的与该个人有关的文件材料，如回忆录的手稿与印本，该个人的录音带、录像带、照片、签字材料；该个人的亲属，特别是直系亲属形成的、能够说明立档单位历史情况的文件材料。

这些人物大多在某个单位担任过一定的职务，在具体处理个人档案与公务档案的归属时，要慎重处理，应分清各自的重点，尽可能避免两种档案的交叉。个人在从事各种公务活动中所形成的文件材料，一般不应收入人物全宗，而应当作为有关组织全宗的一个组成部分。

（2）全宗的补充形式。全宗主要分为常规全宗和特殊形式的全宗两种类型。常规全宗即一般情况下的独立全宗。在难以区分或不便区分独立全宗的情况下，则采取全宗的特殊形式，即补充形式。全宗的特殊形式主要分为联合全宗、全宗汇集和档案汇集三种。其中，独立全宗只有一个立档单位，是大量存在的，而全宗的补充形式一般都有两个以上立档单位。

第一，联合全宗。在某些特殊情况下，若干互有联系的独立单位形成的档案，因难以区分而作为一个全宗统一管理，这就是联合全宗。它通常在两种情况下出现：①前后有密切继承关系的机关，由于工作联系紧密，各自形成的文件已经混杂在一起，成为档案"连体"，难以分开；②合署办公或职能联系紧密的单位，彼此的文件混杂在一起，无法区分。在这两种情况下，可以把这两个或两个以上立档单位形成的档案组合为一个全宗进行管理。联合全宗虽然是由两个以上立档单位形成的，但它们的档案则被看作同一个全宗内的档案，编一个全宗号，按一个全宗整理和保管，全宗名称应列出联合的立档单位名称。

第二，全宗汇集。全宗汇集[②]是指若干个性质相近、档案数量极少的独立全宗，因管理不便而按一定特征组合起来的管理形式，具体有两种形式：①档案馆接收的若干基层单位的全宗，由于形成档案数量不多，而组合在一起的集合体；②由于一些全宗内的档案残缺不全且数量少，从而构成的小全宗集合体，如历史档案。在具体采用这种形式时必须注意，由于全宗汇集是一种人为的行为，所以立档单位的工作性质必须是相近的或具有某种历史联系；汇集全宗在管理中虽然作为一个全宗对待，只给一个全宗号，但内部的档案分类及排列，必须按不同的立档单位相互区别开，不能混淆，

---

① 又称"个人全宗"。

② 又称汇集全宗。

便于以后发现其中某一全宗的大量档案时，可以从全宗汇集中分离出来，建立单独全宗。全宗名称可以用一个概括性的名称。

第三，档案汇集。档案汇集，是由若干所属全宗不明的，或所属全宗不复存在的零散的档案汇集而成的一种全宗补充形式。档案汇集的形成原因是档案不知所属全宗，但只要考证出档案所属全宗，就随时可以将该份档案文件回归所属全宗。

全宗的补充形式具有较大的人为性，在实际工作中不能随意乱用，只有在不能使用独立全宗的管理模式时才使用。但是，一经采用，就必须在管理上与其他全宗同等看待，即编一个全宗号、统一排列、统一管理。

### 2. 立档单位与全宗的历史考证

立档单位与全宗历史考证，是一种对立档单位及其档案基本情况进行反映和说明的文字材料。一般由"立档单位沿革"和"全宗状况"两部分组成。

（1）立档单位沿革。立档单位沿革一般包括：立档单位成立的时间和原因，立档单位的名称及变化；立档单位的基本性质、职能、职权范围，隶属关系及变化；立档单位的主要活动情况，如活动地点、内容；历届主要领导人及内部组织机构主要负责人的姓名与任期、内部机构设置及演变；文书工作制度及其变化情况，文书工作中使用的各种公章及文书处理戳记等；立档单位撤销的时间、原因，继承或兼并单位的名称。

（2）全宗状况。

第一，全宗现状。全宗现状包括档案的来源、内容和载体的概况，档案的数量及所属的年代，档案的利用价值，进馆后档案的整理鉴定、利用情况等。

第二，全宗的历史状况。全宗的历史状况包括档案进馆（室）前的保管单位和保管条件，档案馆（室）接收档案的时间和原因，该全宗档案过去是否经过整理、鉴定，档案是否曾受损或被销毁等。这些内容以文字表述为主，必要时可采用图表结合文字的方式，如领导人姓名一览表、内部组织机构设置与关系图。立档单位和全宗历史考证，一般由档案室负责撰写，整理过程中不断修改补充，全宗整理结束后，存入"全宗卷"内，在档案移交档案馆时一同移交。

### 3. 立档单位变化对全宗的影响

（1）立档单位基本职能变化的全宗处理。

第一，基本职能的根本性变化。基本职能的根本性变化一般表现为下列四种情况：

在一个撤销单位的基础上新成立的立档单位：凡是新成立的并具有一定独立性的立档单位，就构成新的独立全宗。因为一个新的单位，有新的职责与任务，从成立之日起，形成的档案就成为一个新的全宗，而被撤销单位的全部档案也是一个全宗。

几个立档单位合并或兼并：两个或两个以上的立档单位，合并为一个新的独立单位，合并前各单位应分别构成各自的全宗，在合并后，原全宗结束，合并后的单位所形成的档案成立一个新的全宗。如果是由其中一个立档单位兼并另外几个单位，则被兼并的几个单位原先档案仍然构成各自全宗，而兼并的立档单位兼并前后的档案同属一个全宗。

立档单位分立：一个立档单位撤销后，被分立成两个或两个以上的立档单位，被撤销的单位，原全宗内档案到撤销之日为止构成一个全宗，所分离出的若干个小的独立单位，分别开始形成各自的新全宗。目前这种分立的情况比较普遍。

内部机构独立或并入：原是一个立档单位的内部机构，从立档单位内部脱离出来，成为一个新的独立单位。它在独立之前所形成的档案，仍属于原立档单位全宗的一部分，独立之后所形成的档案构成新的全宗。如果一个立档单位的内部机构因故并入一个新的立档单位，那么，并入前的档案是原立档单位全宗的一部分，而并入后的档案成为新的立档单位全宗的一部分。

第二，基本职能的非根本性变化。立档单位名称变更、地址变迁、职权范围的扩大或缩小、隶属关系的改变、内部机构的调整等变化，以及由于某种原因暂时停止工作一段时间等，这些均属于非根本性变化，对全宗划分不产生影响，一般不构成新的全宗。

（2）临时性机构的全宗处理。按照国家有关规定，临时性机构一般不建立单独全宗，其档案应纳入主管单位档案全宗统一管理。但如果该临时性机构存在时间较长、产生档案数量较多、档案内容比较重要，也可根据实际情况，构成独立全宗。

以上是当立档单位发生变化时，划分全宗必须掌握的一般原则和方法，在实际工作中，情况要复杂得多，必须以全宗理论为依据，对每个立档单位的变化情况进行具体分析，才能正确区分和处理全宗的划分问题。

# 第二节　档案的保管与统计

## 一、档案的保管

### （一）档案保管的物质条件

第一，档案用房。档案库房是档案保护的首要条件，是保存档案的最基本物质条件，各级各类档案馆（室）必须有适宜的保管档案的库房。作为中小型档案室，其用房一般由档案库房、档案阅览用房和档案人员办公用房组成。

第二，档案装具。档案装具主要有档案架、档案柜、档案箱三种。目前的档案装具中，活动式密集架在有效利用库房空间、坚固、密闭等方面具有较好的性能，其库容量比常规装具可提高 80% 以上。因此，密集架不失为现有最经济实用的档案存放设施，使用密集架是在荷载允许的条件下提高库容量、解决库房不足问题的有效途径。

第三，档案包装材料。目前，我国包装纸质档案的基本材料主要为卷皮、卷盒和包装纸三种，要求符合国家的有关规定，以利于档案安全保管。

第四，档案保管设备。档案保管设备主要是指在档案保管和保护中使用的机械、器具、仪器、仪表等技术设备。用于档案保管的技术设备种类很多，主要有：去湿机、加湿器、空调、通风设备、温湿度控制仪、防火及防盗装置、灭火器、电视监控设备等。

### （二）档案保管的工作内容

档案保管是指根据档案的成分和状况，对存入库房的档案进行的日常管理和安全防护工作。档案保管工作的内容主要包括三个方面：

第一，档案库房管理。档案库房管理，即库房内对档案进行科学管理的日常工作，包括配置适宜安全保存档案的专门库房；档案库房与装具编号；档案排架存放；库房内温湿度控制与调节；防盗、防火、防尘、防有害气体等必要措施。

第二，档案流动过程中的保护。档案流动过程中的保护，即档案在各个管理环节中的安全防护，指从档案接收搬运开始，在整理、鉴定、利用和编研等工作过程中的保护。

第三，保护档案的专门措施。保护档案的专门措施，即为延长档案寿命而采取的各种专门技术措施，主要包括复制、修裱、消毒、灭菌等措施，目的是延长档案寿命，便于档案长期保存和利用。

### （三）档案的存放方式与管理

#### 1. 档案的存放方式

在将档案放入档案架（柜）时，档案的存放方式一般有竖放和平放两种。大多数的档案馆（室）采用竖放方式，平放比较适宜于保管珍贵档案以及卷皮质软、幅面过大、不宜竖放的档案。

科技档案尤其是底图和蓝图类档案的存放方式选择更加要注意。

（1）底图应在特殊的底图柜中存放，其存放方式有两种：

第一，平放。平放方法能保证底图的平整，取放方便，但占用空间大。

第二，卷放。卷放方法能够节约空间，适用于特大特长幅面底图的存放。底图禁止折叠存放，以免出现折痕，影响图面的清晰度和准确度，并缩短其保管寿命。为保护底图不被撕破，可用胶纸通过压力机将底图四边包上。

（2）蓝图纸张。蓝图纸张的机械性能比底图好，可以折叠。蓝图的折叠有一定的要求：

一般以四号图纸幅面大小进行折叠，左面要留出装订线；折叠的图纸要向图纸正面以手风琴式方法折叠，不宜反折或卷筒式折叠；图纸的标题栏应露在右下角外面，以便查阅。折叠后的蓝图，若是不常查阅的，可以装订成册。不管是否装订，蓝图上所有的金属针都应去掉，以防生锈。折叠后的蓝图，存放在盒子里比较合适。蓝图柜可用一般的公文柜，在库房条件好的情况下，也可以用档案架。

### 2. 档案的存放次序管理

档案存放次序是指档案在库房及装具中的存放次序，目的是为了避免存放次序的错乱，主要有两种方法。

（1）档案存放位置索引。档案存放位置索引是以表册或卡片的形式如实记录和反映档案在库房及装具中的存放次序情况。主要作用是便于迅速调归档案和其他日常管理，更有助于新手掌握情况，一般有两种编制方法：①以全宗为单位编制的档案存放位置索引，即指明各个全宗的档案分别存放的具体库房和装具方位；②以库房和装具为单位编制的档案存放位置索引说明各个库房和装具存放档案的具体情况。一般来说，档案存放位置索引比较适合于档案馆和存有多个全宗的档案室。特别是第二种样式，可采用大型图表形式张贴或悬挂在库房入口，便于随时参阅。

（2）档案代理卡。档案代理卡[①]是档案保管人员编制和使用的一种专门指明案卷去向的卡片。档案代理卡既可以有效防止档案放错位置的现象，又可以作为档案人员统计、分析档案利用情况的数据。

## 二、档案的统计

档案统计是指运用一系列的统计技术和方法，通过表册和数字的形式描述和分析档案工作中的各种现象、状态和趋势的工作过程。它是了解、认识和掌握档案工作总体情况的重要手段。保证统计资料的准确性、及时性和科学性是档案统计工作的基本要求。档案统计工作主要包括档案的基本登记和综合统计两部分。档案统计工作的步骤如下：

### （一）档案的统计调查

档案的统计调查的基本形式有统计报表和专门调查两种。

第一，档案的统计报表。统计报表是各级档案行政管理部门和档案馆（室）按照统一的规定自下而上地向同级和上级档案行政管理部门定期报送的统计材料。统计报表往往带有专业性和强制性。

第二，档案的专门调查。作为统计报表的补充，专门调查是为了认识和解决某一专门问题而临时组织的调查，其目的是用以反映某一事物在一定时间内的发展水平和状态，

---

① 又称"代卷卡"。

所以往往采用的是一次性调查形式，一般可以分为普遍调查和抽样调查两种类型。

### （二）档案的统计整理

档案统计整理是档案统计工作的第二阶段，它是对经统计调查所获取的原始数据进行加工汇总等综合处理，使之规范化、系统化的工作。档案统计整理的具体方法有两种：

第一，统计分组。统计分组是档案统计整理中的一个重要方法，是对统计对象和有关数据按某种特征或标准进行分类，然后将各组内的统计对象和数据进行排列、汇总，从而说明各类现象的质的特征与发展规律。

第二，统计表。统计表就是把档案统计调查得来的原始数据进行汇总时的一种工具和表述方式。

### （三）档案的统计分析

档案的统计分析是档案统计工作的最后阶段。通过对各级档案部门的工作进行分析和比较，可以更好地了解和掌握档案工作的规模、水平和发展趋势，从而充分发挥档案在国家经济社会发展中的作用。

档案统计分析主要有对比分析、静态分析、动态分析与综合分析等方法，其他还有相关分析、因素分析、专题分析与系统分析等。各单位可以根据统计工作的任务和目标选用合适的统计方法。

# 第三节　档案的检索与利用

## 一、档案的检索

### （一）档案检索的工作内容

档案检索[①]包括档案信息存储和查检两方面的工作内容。档案信息存储是将档案中具有检索意义的特征标识出来，加以编排，形成检索工具或档案信息数据库的过程；档案信息查检是指利用档案检索工具或数据库搜取所需档案的过程。

#### 1. 档案信息存储工作的内容

(1) 著录标引，即对档案的内容和形式特征进行分析、选择和记录，将反映该件（卷）

---

① 档案检索是指对档案信息进行加工和存储，并根据需要进行查找的工作。它是档案提供利用工作的基础和前提条件，是开发档案信息资源的必要条件。

档案主题的概念借助检索语言转换成规范化的检索标识。对每件（卷）档案著录标引后形成的一条记录称为一个条目。

（2）编制检索工具，即对著录标引后形成的条目加以系统排列，组成各种检索工具或输入计算机，建立机读目录和数据库。

## 2. 档案信息查检工作的内容

（1）确定查找内容，即对利用者的检索要求和范围进行分析，确定利用者所需档案的实质内容，形成概念，有时也可将这些概念借助检索语言转换成规范化的检索标识。在计算机检索中还应按实际需要把这些检索标识之间的逻辑关系表达出来，形成检索表达式。

（2）具体查找，即档案人员采用各种手段把表示利用者需求的检索标识与检索工具中的检索标识进行对照比较，将符合利用者要求的条目查找出来。

### （二）档案的著录

档案著录是档案馆（室）编制档案检索工具时，对每份文件、每个案卷的内容和形式特征进行分析、选择和记录的过程。所谓内容特征，是指对文件或案卷主题的揭示，包括档案的题名、主题词、分类号等；所谓形式特征，是指文件或案卷的实体形式、文字表述形式、载体形态及文件的时间、责任者等有关特征。

档案著录所遵循的方法称为著录规则。档案著录规则是在编制档案目录时，对档案的内容和形式特征进行描述以形成条目的技术规定。

## 1. 著录项目

著录项目是揭示档案内容和形式特征的记录事项，带 * 项目为必须著录项目。

（1）题名与责任说明项：正题名、并列题名 *、副题名及说明题名文字 *、文件编号 *、责任者和附件 *。

（2）稿本与文种项：稿本 * 和文种 *。

（3）密级与保管期限项：密级 * 和保管期限 *。

（4）时间项。

（5）载体形态项：载体类型 *、数量及单位 * 和规格 *。

（6）附注与提要项：附注 * 和提要 *。

（7）排检与编号项：分类号、档案馆代号 *、档号、电子文档号、缩微号和主题词或关键词。

### 2. 著录用标识符

(1) 为识别各著录项目。单元 (小项) 及其内容添加如下规定的标识符。

第一，"—"置于下列各著录项目之前：稿本与文种项、密级与保管期限项、时间项、载体形态项、附注项。

"="置于并列题名之前。

"："置于下列各著录单元之前：副题名及说明题名文字，文件编号、文种，保管期限、数量及单位、规格。

"／"置于第一个责任者之前。

"；"置于多个文件编号之间、多个责任者之间。

"，"用于相同职责、身份省略时的责任者之间或同一责任者的不同职责、身份之间。

"+"置于每一个附件之前。

"〔〕"置于下列著录内容的两端：自拟著录内容、文件编号中的年度、责任者省略时的"等"字。

"（）"置于下列著录内容的两端：责任者所属机构名称、责任者真实姓名、责任者职责或身份、外国责任者国别及姓名原文、中国责任者时代、历史档案中的朝代纪年、农历、地支代月、韵目代日转换后的公元纪年。

"？"用于不能确定的著录内容，一般与"〔〕"号配合使用。

第二，"—"用于下列著录内容之间：日期起止和档号、电子文档号、缩微号各层次之间。

"……"用于节略内容。

"□"用于每一个残缺文字和未考证出时间的每一个数字。未考证出的责任者及难以计数的残缺文字用三个"□"号。

(2) 著录用标识符使用说明。

第一，除"题名与责任说明项、排检与编号项"外，各项目连续著录时，其前均冠".—"。如须回行，不可省略该标识符。但各项目另起段落著录时则可省略该标识符。

第二，".—"符占两格，在回行时不应拆开；"；"和"，"各占一格，前后均不再空格。

第三，如某个项目缺少第一个单元 (小项) 时，应将现位于首位的单元原规定的标识符改为".—"。

第四，凡重复著录一个项目或单元时，其标识符也须重复。

第五，不著录的项目或单元，其标识符应连同该项目或单元一并省略。

### 3. 著录信息源要求

（1）著录信息来源于被著录的档案。

（2）单份或一组文件著录时主要依据文头、文尾。

（3）一个或一组案卷著录时主要依据案卷封面、卷内文件目录、备考表等。

（4）被著录档案本身信息不足时，可参考其他相关的档案资料。

### 4. 著录用文字要求

（1）著录用文字必须规范化。

（2）汉字应使用规范化的简化汉字。外文与少数民族文字应依照其文字规则书写。

（3）文件编号项、时间项、载体形态项、排检与编号项中的数字应使用阿拉伯数字。

（4）图形及符号应照录，无法照录的可改为其他形式的相应内容，并加"〔〕"号。

## （三）档案的标引

档案标引是指对文件或案卷进行主题分析，把自然语言转换成规范化检索语言的过程，即对主题分析的结果给予检索标识的过程。给予文件或案卷以分类号标识的过程称为分类标引；给予文件或案卷以主题词标识的过程称为主题标引。

### 1. 档案的主题标引

要保证档案主题标引的准确性和一致性，提高标引工作的质量和检索效率。

（1）主题分析。

主题分析是主题标引的基础，通过对档案的内容特征进行分析，准确提炼和选定主题概念。

第一，审读档案。通过审读档案，了解和判断档案所反映的中心内容和其他主题因素。

阅读题名：文件和案卷的题名是对档案内容的概括。在题名准确反映档案中心内容的情况下，阅读题名是分析、提炼主题的一条捷径，但题名不能作为提炼主题概念的唯一依据。

浏览全文：在档案无题名或题名不能全面、准确地反映档案主题时应浏览全文。浏览全文应注重了解题名未能反映的主题和深层次主题，发掘隐含主题。浏览全文重点是阅读全文的开头、结束语、段落题名，必要时阅读批语、摘要、简介、目次、图表、备考表等内容。

第二，分析主题结构。任何主题都是由一定的主题因素构成的。主题因素分为五种：主体因素（即反映文件主题内容的关键性概念）、通用因素（即对主体因素起补充和限定作用的通用概念）、位置因素（即文件所记述对象的空间和地理位置概念）、时间因素(即文件所论述对象存在的时间概念)、文件类型因素(即文件类型和形式方面的概念)。

在档案标引中,主体因素是最重要的,必须标出,其他因素酌情标引。

第三,主题概念的选定。在审读档案题名或全文的基础上,提炼选定出一个或若干个表达档案主题的自然语言主题概念。选定主题概念的原则包括:①选定的主题概念应是档案中论述的问题;②选定的主题概念应具有实际检索意义;③选定的主题概念应能全面、准确地表达档案主题。

(2)选词标引。选词标引是对档案主题分析出的概念给予主题词标识的过程。

第一,在主题分析中选出的主题概念,应转化成档案主题词表中的主题词(正式主题词)进行标引,书写形式应与词表中的词形相一致,非正式主题词不能作为标引词使用。

第二,标引词应选用档案主题词表中与档案主题概念直接相对应的、专指的主题词。

第三,当词表中没有与档案主题概念直接相对应的专指主题词时,应选用两个或两个以上的主题词进行组配标引。

第四,当某一主题概念在词表中查不到专指的主题词,也无法通过组配标引来表达该主题概念时,可以采用靠词标引。靠词标引有两种:①用上位概念主题词进行靠词标引。依据词族索引选用最直接的上位概念主题词进行标引,不应使用越级上位主题词标引。②用近义词进行靠词标引。依据范畴索引选用与主题概念含义最相近的主题词进行标引。

第五,关键词标引又称增词标引。关键词是主题词表以外的、未经规范化处理的自然语言词。使用关键词标引应严格控制。

下述情况可以采用关键词标引:①某些概念采用组配其结果出现多义时;②某些概念虽可以采用靠词标引,但当这些概念的被标引频率较高时;③词表中明显漏选的词,包括词表中未收录的地名、人名、机构名、产品名等专有名称;④表达新生事物的词。

关键词应尽可能选自其他词表或较权威的参考书、工具书,选用的关键词应词形简练、概念明确、实用性强。

使用关键词标引后,应有记录,并反馈到所用档案主题词表的管理部门。

第六,一个标引对象,标引用词一般有 2 ~ 10 个。

## 2. 档案的分类标引

为了正确进行档案分类标引,选用恰当的标识表达档案文献的主题,保证档案分类标引的质量,提高检索效果,实现档案资源共享,国家制定了档案分类标引规则。

(1)分类标引基本规则。

第一,档案分类标引的依据是以国家机构、社会组织从事社会实践活动的职能分工为基础,结合档案记述和反映的事物属性关系,并兼顾档案的其他特征。分类标引时,应对档案文件进行周密的主题分析，把握所论述的对象，准确地给予分类标识。

第二，档案分类标引应依据《中国档案分类法》及其使用指南。

第三，档案分类标引时，要正确地理解类目含义和范围，避免脱离类目之间的联系和类目注释的限定片面地理解类目含义。

第四，档案分类标引应充分考虑实际的检索需求和检索方式，根据档案的具体内容和用途，选定适当的标引深度。凡一份文件或案卷涉及两个或两个以上主题者，除按第一主题或最重要的主题标出确切的分类号外，必要时可对其他主题附加相应的分类号。

第五，档案分类标引必须按专指性的要求，分入恰当的类目，切不可分入较宽的上位类或较窄的下位类。当分类表中无恰当的类目时，可分入范围较大的类目（上位类）或与档案内容密切相关的类目。

第六，档案分类标引应保持一致性。各种文本、载体类型的同一主题档案所标引的分类号均应一致。遇有某些难以分类和分类表上无恰当类目可归的档案，无论归入上位类或归入与其密切相关的类目，以及增设类目，都应做记录，以后遇有类似情况，均按此处理。

（2）各种主题档案分类标引规则。

主题的类型依据档案内容可分为单主题和多主题两种。单主题包括单元主题和复合主题（多元主题），多主题则由几个单主题组成。

第一，单主题档案的分类标引。单主题文件或案卷，一般依主题主体因素所属的类目标引，若是从一个方面对主题进行论述，就依这方面所属类目标引；若是从多方面对主题进行论述，一般只依主题所属类目做整体标引。

文件或案卷论述的主题内容互相交叉时应依据《中国档案分类法》关于集中与分散的有关规定进行标引。需要对参考价值大小以及各主题间的逻辑关系加以综合分析，再确定给予一个或几个分类号。

文件、案卷论述的几个主题之间是并列关系，参考价值大，除对第一主题按上述文件或案卷论述的主题标引外涉及国家、地区、民族、时代等因素时，若《中国档案分类法》中注明需要复分则应标出复分号，否则可以省略。

第二，多主题档案的标引。

文件、案卷论述的是两个以上的主题，标引时除应充分考虑利用者的检索属性给予分类号外，第二、第三主题也应按其属性给予分类号，以便充分揭示主题，为利用者提供更多的检索途径。

文件、案卷论述的几个主题之间是从属关系，即上下位关系或整体与部分关系，一般依它们的上位类目做整体标引，若较小主题具有检索价值，也可依小主题的所属类目做互见标引。

文件、案卷论述的几个主题之间是因果或影响关系，一般依结果或受影响的主题所属类目标引。对于互为因果的、互相影响的主题做全面标引。

文件、案卷论述的几个主题之间，一个主题应用于多个主题，一般依被应用主题所属类目标引。必要时可以对其他主题附加相应的分类号。

（3）档案分类标引工作程序。

第一，研读分类法。标引人员在标引工作开始时，应系统研读《中国档案分类法》的编制说明、主表、附表，了解该法的编制目的、适用范围、分类原则、体系结构、标识符号、类目注释，辨清上位类、同位类、下位类、理论与应用等关系，深入透彻地掌握其使用方法。

第二，档案主题分析。标引人员应充分考虑立档单位的性质、职能和任务，通过分析题名、浏览正文、参考文件版头和案卷封面，从而了解档案的中心内容和涉及的主要问题，判明其属性特征，以便正确归类。

分析题名：文件和案卷的题名是责任者或立卷人对档案内容的概括，在题名准确反映档案的中心内容的情况下，分析题名能直观地把握档案的主题。但有些文件、案卷的题名，由于拟写上的缺陷，不能准确地、直接地揭示主题内容，所以不能作为分类标引的唯一依据，还应浏览正文。

浏览正文：通过分析题名不能确定档案的确切内容和类别时，应浏览文件、案卷的正文。重点阅读文头、文尾、段落题名，了解作者的撰写目的和意图，从而确定档案内容论述或涉及的主题。

查阅文件版头和案卷封面：党、政机关行文都有固定的文件版头，标明发文机关的全称或通用简称、发文字号，文尾有发文机关、抄送机关、成文日期、盖印与签署。此外，附加标记有密级、缓急时限、阅读范围等。案卷封面上有机关全称和组织机构名称、案卷题名、年度日期、保管期限、档号及卷内目录、卷末备考表等。它对于了解文件、案卷的主题、起草目的、利用范围、使用价值等，都能提供一定的参考。

第三，判定类别。进行主题分析后，须确定文件、案卷所论述的事物中，哪些主题应予以标引，能为利用者提供检索途径。然后根据主题性质，到《中国档案分类法》中查找其所属的类目。

第四，标引分类号。标引分类号是将判定的类别赋予分类标识。给予分类号，应根据文件、案卷内容的属性、主题多寡、起草意图、利用对象、检索需求等特点，采用恰当的方式和方法，准确、一致、适度地标引出来。遇到难以分类的新事物、新主题的档案材料，分类表上无确切类目可归时，各档案馆（室）可增设新类目予以分类标引，同时上报《中国档案分类法》编委会确认。今后若遇到同类主题的文件、案卷亦照此办理，确保一致性。

第五，审校。审校是分类标引的最后一道工序，是确保标引质量的最后关口。审校内容包括检查验证档案的内容是否得到全面的分析，主题概念是否准确、恰当，辨类是否准确，同类档案是否归类一致，标引的类号是否充分、完整、准确，书写是否正确无误。

### （四）档案的检索工具

#### 1. 档案的检索工具与作用

档案检索工具是用以揭示档案馆（室）档案的内容和成分，报道和查找档案材料的工具。它是进行档案科学管理和资源开发利用的重要手段。

档案检索工具的基本职能表现在存储和查找两个方面。存储是对文件或案卷的内容和形式特征进行著录和标引，按照一定的格式组织成条目，以一定的顺序加以排列或进行客观的描述，以二次文献或三次文献的形式将档案信息集中起来。查找是指能提供一定的查找手段，在存储好的档案信息集合中找出利用者需要的档案材料。

档案检索工具的具体作用表现在以下方面：

（1）档案检索工具是揭示档案馆（室）藏和利用档案的重要手段。档案检索工具对已入馆（室）档案的信息进行加工和形态上的转换，便于人们从数量庞大的档案中及时、准确地提取和输出所需要的档案信息。

（2）档案检索工具是开展档案业务工作必不可少的工具。档案检索工具记录了档案重要的内容和形式特征，档案人员可以通过它概要了解馆（室）藏档案的内容、形式、数量等情况，为档案业务工作提供了一定的依据。

（3）档案检索工具是报道馆藏和馆际交流的重要工具。档案检索工具存储了大量档案信息，它不仅可以提供查询，同时也可以成为档案馆（室）与利用者、档案馆（室）与档案馆（室）之间的交流工具。利用者和其他档案管理部门借助于它即可概要了解馆藏档案的内容、价值等信息。

#### 2. 档案的检索工具种类

档案馆（室）为了适应利用者对档案的多种类、多角度的需求，常常需要编制多种类型的检索工具。从不同的角度，用不同的标准，可以对档案检索工具进行不同的种类划分。

（1）从编制方法上划分：①目录。目录是将档案的著录条目按照一定次序编排的一种揭示、识别和检索档案材料的工具。②索引。索引是将档案中的某一内部或外部特征及其出处按一定次序编排而成的检索工具。③指南。指南是以文章叙述的体例，综合介绍档案情况的一种书面材料或工具书。如档案馆指南、档案室指南、全宗指南等。

（2）从作用上划分：①查找性检索工具。查找性检索工具是为了满足从不同角度检索档案的需求而编制的，从档案的某一内容或形式上提供检索途径的检索工具。它是对外服务和馆（室）内查找档案的重要手段。如全宗文件目录、分类目录、专题目录、主题目录、人名目录等。②报道性检索工具。报道性检索工具又称介绍性检索工具，是为了报道和介绍馆藏档案内容及有关情况，开展馆际交流而编制的检索工具。如档案馆指南、档案室指南、全宗指南等。③馆藏性检索工具。馆藏性检索工具是档案馆（室）收藏档案的总清册，是反映档案分类整理和排架顺序的检索工具。

（3）从载体形式上划分：

第一，卡片式检索工具。卡片式检索工具是将一个条目著录于一张卡片，将卡片按一定顺序排列而成的检索工具。其优点是具有较大的灵活性，便于增减条目和调整条目之间的顺序；一种卡片目录放在若干地方，可供多人同时查阅。其主要缺点是体大量多，不便管理、传递和交流；查阅时须逐片翻阅，费时较多。

第二，书本式检索工具。书本式检索工具是将著录条目逐条登录并装订成册的检索工具。其优点是体积较小，便于管理，编排紧凑，便于阅读，可印刷出版，便于传递、携带和交流。缺点是因其装订成册，体系固定，缺乏灵活性，不便于增减条目和调整条目之间的顺序。

第三，活页式检索工具。活页式检索工具是介于卡片式和书本式检索工具之间的一种检索工具。每一页记录若干份同类文件或案卷的特征，一页著录不完接下页，再将著录好的活页按序装入书夹。其优点是比较灵活，能随意增减、随时撤换。

第四，缩微式检索工具。缩微式检索工具是以缩微摄影方式制作的以胶片为载体的检索工具，手工检索时使用缩微阅读器放大阅读，也可用于计算机检索。其主要优点是密集存储、节约空间；体积小，便于交流，便于复制。缩微式检索工具是在书本式或卡片式检索工具的基础上形成的，而且需要具备一定的拍摄和阅读条件才能制作和使用。

第五，机读式检索工具。机读式检索工具是以磁性材料为载体的供计算机识别的检索工具。它将档案的内容和形式特征以特定的编码形式和特定的结构记录存储在计算机的磁鼓、磁盘、磁带上，使用时可以用荧光屏显示，也可以打印出文字目录。机读式检索工具的主要优点是存储密度高，检索扫描速度快，可进行多途径检索。但是前期处理和输入工作量大，检索费用较高。

### 3. 档案的理想检索工具

理想的档案检索工具必须以档案信息存储丰富、检索及时准确、方便实用和标准规范为标准。

（1）档案检索工具信息存储要丰富。信息存储丰富是指存储的档案内容要全，项目著录要详细，标引要有深度。在编制检索工具时，凡是本馆（室）有用的档案信息都要存储进去，以满足利用者对档案信息的多种需求，更好地发挥档案的作用。著录项目应尽可能完备，不仅有著录作者、时间、文本、保管期限等易见的外形特征，还要具体描述档案的主题内容，为利用者提供丰富的信息。标引要有一定的深度，对每份文件或案卷的主题内容，应该用几个或更多的主题词和分类号来标识，以增加从不同角度获取档案信息的途径。

（2）检索要准确及时。档案检索的质量和效率主要体现在检索的准确性和时效性两个方面。准确，是要求通过检索工具和手段为利用者提供所需要的档案，既要查全，又要查准，把漏检和误检率降至最低程度。这就要求编制检索工具时，对文件或案卷内容和形式特征的著录和标引无差错，检索途径充分，排列系统科学。及时，是指在一定时限内迅速提供档案为利用者服务。这就要求检索工具必须种类适当、组织合理、排列有序，使档案人员面对堆积如山的档案，能够及时、迅速地查找到利用者所需的全部档案。

（3）检索要方便实用。是否使用方便、实用性强是检验档案检索工具质量高低的标准之一。档案检索工具的使用具有高频率和广泛性的特点，这就要求其项目设置要实用，文字要简洁，排检方法要科学，易于掌握，便于利用。

（4）档案检索工具要实现标准化、规范化。检索工具的标准化、规范化是指在编制检索工具时，对其规格、著录方法、标引方法、编写体例等方面的统一规定。如果各馆（室）编制档案检索工具时各行其是，规格式样不统一，著录标引方法不科学、不规范，不仅造成人力和物力的浪费，而且给档案的科学管理和开发利用、馆际交流，以及实现手工检索向计算机检索过渡等，都会带来极大的困难和障碍。因此，编制检索工具应严格遵守各种相关的国家标准，努力实现其标准化、规范化的要求。

### 4. 档案的计算机检索

目前，档案检索正逐步从传统的手工检索向计算机检索过渡，计算机检索代表了档案检索的发展趋势。

（1）计算机检索结构的设计要求。对计算机检索结构的设计要求主要是对软件系统的设计要求。软件系统应具有的特点：

第一，先进性。先进性即设计出的软件系统有较高的技术含量，保证系统不被轻易淘汰。

第二，标准性。标准性是指应根据一定的统一标准设计有关系统。这样，在检索时就可尽量减少人为原因而引起的误差。

第三，完备性。完备性是指检索系统应具有完善的多种功能。

第四，简易性。软件应易学易用，最大限度地减少用户的人工干预和简化管理人员及用户的操作程序，从而节约人力物力，提高检索效率。

（2）计算机检索的过程。计算机检索与手工检索的原理是一样的，也是由存储和查检两部分组成，在计算机检索中通常称为输入和输出。在输入阶段，要把反映档案的内容和形式特征的著录项目录入计算机，存入数据库并根据检索需要建立相应的倒排文档。在输出阶段，要根据利用者的提问编制恰当的检索策略，形成检索表达式，并将其输入计算机，在数据库中查找后将结果输出。

计算机检索的具体过程大致分以下步骤：

第一，分析检索的主题，明确检索目的和要求。即要确切了解所要查询的目的和要求，确定需要的信息类型（全文、摘要、名录等，文本、图像、声音）、查询方式（浏览、分类检索、关键词检索）、查询范围（所有网页、标题、新闻组文章、FTP、软件、中文、外文）、查询时间（所有年份、最近几年、最近几周、最近几天、当天）等。不同目的的检索应使用不同的查询策略，不同的查询策略会产生不同的检索结果。尽可能多地了解检索目标，不仅能帮助用户确定所需要的信息类型、查询方式、查询范围、查询时间及采用何种限制条件，而且能更好地理解查询结果，并准确地捕捉到它。

第二，选择合适的检索工具。检索工具选择得当与否，直接影响到信息检索的效率和质量。根据课题分析所确定的范围，选择自己熟悉、没有语言障碍、收录全面、报道及时和附录索引完整的检索工具。

第三，对信息需求进行概念分析。为了准确表达用户所需信息的主题，需要确定其概念和检索标识，选择能代表各概念层面的检索项，从而把主题概念转换成适合系统的检索标识，完成用户信息需求由概念表达到计算机系统所能进行的检索标识表达的转换。

第四，制定检索表达式。检索表达式是检索策略的具体体现，是用来表达用户信息需求的逻辑表达式，由检索词和各种算符组配形成。具体操作步骤包括提取检索词、组配检索词、调整检索式。

提取检索词：检索词是构成检索策略的基本元素，同时也是进行逻辑组配和编写提问检索式的最小单位，它可以是反映文献内容特征的主题词、自由词等，也可以是仅反映文献信息外表特征的篇名、著者等。检索时，应根据课题或所需信息的主题名称及描述语句，经过切分、删除、替换、增加等步骤来提取检索词。

组配检索词：为了准确地表达检索意图，可利用系统提供的各种检索算符，把检索词进行组配，以提高检准率。不同的数据库检索系统提供的检索算符不一样，检索前，需要熟悉系统的检索算符。

调整检索式：计算机检索交互性较强，有时候检索的结果不一定理想，检索结果太多或太少的情况都有可能出现。可以通过调整检索式达到最佳的效果。当获得的检索结果太少时，需要扩大检索范围。调整检索的方法可采取：选全同义词、关键词或用分类号检索；调整位置算符，取消某些过严的限制符等。当获得的检索结果太多时，需要缩小检索范围。调整检索时方法可采取：提高检索提问式的专指度，采用下位词或专指性较强的词；调整位置算符，由松变严，增加概念组面，进行 AND 运算，采用字段限制符，将检索词限定在一定的字段中。

第五，输入检索词，进行查找，检出相关资料。检索词的输入方法有：直接输入、索引中取词、复制输入、利用保存式输入。

直接输入：直接输入是计算机检索最常用的方法，一般是在检索框中逐词输入。在联机检索中，如果检索式较复杂，应预先处理好检索式，以免在联机检索中增加费用。

索引取词：大多数计算机检索系统提供从索引中选词的功能。当不能准确判断检索用词或检索词拼写不清楚时，可从索引中取词，索引中取词更加准确。

复制输入：利用计算机系统提供的复制输入功能，将已有的检索式中的某些检索词或从检索记录中复制的所需要的检索词，粘贴到检索输入框中。

利用保存式输入：利用计算机系统提供的保存检索式功能，把已保存的检索式调入检索输入框中，也可对检索式进行修改。

第六，分析检索结果。检索结果若不符合要求，则对检索式进行修改，并重复第五步，直到满意为止。

## 二、档案的利用

档案的利用是档案工作的目的。档案的提供利用工作也称档案信息的开发利用工作，它是指通过一定的方式和方法尽可能地开发档案信息，直接向有关单位和人员提供信息服务。档案的利用是档案工作的目的，也是档案工作的出发点。档案提供利用工作的主要途径如下：

### （一）档案的咨询服务

咨询服务就是档案管理人员以馆（室）藏为根据，向利用者提供档案的有关情况，或提供检索途径的一种服务方式。

#### 1. 档案咨询服务的步骤

（1）接受咨询。人们应了解利用者咨询的目的、内容、范围和要求。如果利用者提出的问题较简单，咨询服务人员有把握则可当即回答，或借助于检索工具和有关材料，短时间内予以解决。问题比较复杂和困难的，可与利用者另约时间，等请示领导或经过考证后再予以答复。

档案工作人员并非对利用者的所有咨询都要有问必答，如咨询问题的内容已超出本馆（室）业务范围或应由其他机关、组织办理，涉及国家机密尚未解密的，属于家庭或个人隐私不宜公开的问题等，都需要直接告知利用者，并拒绝提供咨询服务。

（2）查找信息。根据利用者提出的咨询问题，进行分析研究，确定查找范围，选定检索工具，明确检索途径和方法，查找有关的资料与档案，获取信息。

（3）回复咨询。经过咨询服务人员紧张而有序地工作，在迅速找到与利用者咨询有关的资料与档案后，即可以此为根据回复问题。

回复咨询的方式，视具体情况而定，可直接提供答案，或提供有关材料复制件，或介绍有关查找线索等。

（4）建立记录。回复咨询应有意识地建立咨询服务记录。凡是重要的有长远参考价值的，或者可能重复出现的，或者解答不了的咨询问题，都应有完整的记载，包括各种原始记录、解答咨询的过程、最后结果等。

### 2. 档案咨询服务的形式

（1）口头或书面答复咨询。以口头（包括面谈、电话）或书面（如信函、传真）等形式对利用者的咨询给予答复。这虽然是一种比较传统的服务方式，但是简便易行，成本较低，且与咨询者可以进行互动式的交流，缩短服务人员与利用者之间的距离，让群众真切感受到"档案就在我身边"。

（2）指导使用检索工具。向利用者主动介绍档案种类，指导利用者科学使用检索工具，为查找馆(室)藏资料与档案提供线索。这种方式适用于对所查询资料范围较广、数量较大，且有一定的专业性、知识性、情报性需求的利用者提供服务。档案管理人员的职责主要是提供相关的检索工具，指导其进行检索，而不是包办代替。

（3）提供计算机网络服务。企事业单位的档案室可以运用计算机网络通信技术，在本单位计算机局域网络系统中设立网站（或开辟主页），建立档案资料目录（有条件的可建立文本）信息数据库，利用计算机网络信息平台，宣传、展示资料与档案工作，突破时间、地域的限制，提供资料与档案的查询利用服务，为利用者与服务者建立一个便捷的沟通渠道。

通过计算机网络，档案信息和社会信息相互交流、融合，实现了档案信息的社会化和社会信息的档案化。这给资料与档案的利用方式和接收方式带来了新的变革。档案网站改变了过去"等客上门，被动查档"的传统服务方式，通过网上查档功能的设置，极大地方便了利用者，缩短了时间、空间的距离，这是一种现代化的档案利用形式。

档案通过计算机网络进行咨询服务的主要方式包括：①电子邮件，数字资料档案馆公布一个电子邮件地址，利用者可以将需求通过电子邮件的方式发送，资料与档案工作人员在最短的时间内回复；②实时交互利用网络技术，可以不受空间和地域的限制，建立利用者和专家馆员之间进行实时交流的通道；③常见问题回答资料库，档案工作人员将利用者经常提出的 100 个问题进行汇总，给出答案，建立一个数据库，这样可以方便利用者查询；④表单，表单给出了若干个项目，利用者根据自己的需求，在一级级菜单的引导下，选择自己感兴趣的信息或题目，填写表单并提交，专家及时给予反馈；⑤电子公告板，即向公众提供远程访问的渠道，利用者在 BBS 系统上提出自己需要咨询的问题，由专家进行回复。

### （二）档案的阅览

档案的阅览就是在阅览室集中接待利用者，直接传播文献资料、情报信息，当面提供咨询服务。开辟阅览室是档案管理部门直接为利用者提供服务的主要方式之一。

阅览室服务既便于档案的保护和保密，又能为利用者提供较好的阅览条件。它可以提高资料与档案的周转率和利用率，避免因一人借出而妨碍他人利用，它还便于资料与档案管理人员掌握利用档案的信息和追踪利用的效果。

随着社会主义市场经济的建立、发展，整个社会的物质文明程度有了很大提高，人们的思想观念和行为方式发生了质的变化。开放档案馆，在这充满文化气息的休闲场所，人们可以通过档案了解国家历史、政治、文化、经济等方面的情况，了解社会的变迁与发展，了解身边发生的大事，资料与档案逐渐发挥了积极的引导作用。

#### 1. 档案可供阅览的范围

在一个组织中，通常情况下，任何员工都可以阅览馆（室）中普通的藏资和档案；但是组织的资料和档案对社会其他公民通常是不提供阅览的。这与公共档案馆是有区别的。秘书人员有义务为本组织的员工提供档案的阅览服务。

就一个企业而言，可供阅览的资料有：常用的政策规定、条令、制度等，政府颁布的出版物，行业和协会的资料，各种年鉴，员工阅览权限内的客户资料，各种业务图书、手册，商业应用文文集，市内饭店、酒楼、餐厅、旅馆、会展场地、交通资料，剪报，名录，大事记，本单位人员通信录等企业共用的资料。

就一个企业而言，可供阅览的档案是企业非密档案。通常科技档案、人事档案、会计档案等专门档案必须征得领导同意方可查阅。

#### 2. 档案阅览室的设施要求

（1）阅览室的选址。阅览室地址的选择，既要从方便利用者出发，又要从便于管理着眼，既适合于利用者的阅览和从事研究，又便于档案的调卷和归还。一般的机关、企事业组织可将其设置在资料室或档案室附近，与嘈杂的办公、会客、生产场所保持一定距离，相对独立。

（2）阅览室的环境。要求采光明亮、安静清洁。一般应设置服务台、阅览桌椅、布告栏、目录、监护设备等服务设施。室内可放置一些绿色植物，保持空气清新、温度适宜。

（3）阅览室的配置。应配置与馆（室）藏资料与档案有关的历史、经济、政治出版物，报刊、辞典、年鉴、手册和指南之类的工具书以及资料与档案检索工具等，供利用者辅助阅览。条件具备的单位除开辟大阅览室外，还可设立小阅览室，供专家学者们查阅专门文件或系列文件等专用，或开设视听阅览室，供利用者查阅声像资料和档案。

（4）开辟电子阅览室。考虑到近年来随着办公手段现代化的普及，各种非纸质载体资料与档案大量涌现，可开辟电子阅览室，并在档案的阅览设施方面提供相应的配备，如电子计算机（方便利用者阅读机读文件、光盘文件等）、录音机和放像机（方便利用者借阅磁带、录像带等）、阅读器（方便利用者阅读缩微胶片等）、投影仪（方便利用者鉴赏珍贵的实物载体档案等）。

（5）计算机辅助管理。为适应档案借阅现代化管理的要求，提倡利用计算机对档案借阅者进行借阅登记、归还登记，提供借阅预约登记，打印催还通知单，自动借阅管理系统可以随时打印出档案借阅清单，提供档案库存、借出、归还等信息。

（6）阅览室的休闲设施。有条件的阅览室还可开设存物区、休息区等，方便利用者喝水、接听电话等，为利用者提供人性化服务。

### 3. 档案阅览室的注意事项

（1）保护资料档案安全。利用者必须爱护所借阅的档案，不得在文件上做任何记号和涂改，不得将所借阅档案带出阅览室。阅毕的档案应及时归还，不得无故延期。阅览室管理人员对利用者归还的档案要认真清点，如发现污损、涂改、遗失及其他异常情况，须立即采取措施，予以妥善处理。

（2）控制阅览利用范围。为了保护档案的机密内容，利用者不能借阅与其利用范围无关的文件。对于残旧、脆化或特别珍贵的易损资料与档案最好提供复制件，一般不得借阅原件。尚未经过整理的零散文件，一般不予借阅。出于特殊情况，需要和可能借阅时，须逐件登记。

（3）建立健全规章制度。为了维护阅览室的正常秩序，确保档案的安全，阅览室应建立健全必要的规章制度，内容包括阅览室接待的对象、档案的借阅范围和批准手续、阅览室应遵守的各种制度等。

（4）加强电子阅览管理。在利用计算机查阅档案时，应当特别注意不能让利用者提取到他不该知道的文件；应当要求利用者严格按照操作规定使用计算机进行阅读，未经培训的人员禁止上机，防止由于利用者的误操作造成的信息丢失；在提供机读文件时，要设置不可修改程序，防止利用者无意或有意地修改信息，导致信息失真，影响档案的真实可靠。

（5）收集利用信息反馈。为了不断改进阅览室的工作，更好地为利用者服务，阅览室应建立利用者登记和统计分析制度。通过对利用者类型、利用档案成分、利用效果、利用者意见的研究，取得阅览服务的信息反馈，定期汇总分析上述情况，可以了解利用者的意见和动向，掌握利用工作的某些规律性，以便不断提高档案利用工作的质量。

### （三）档案申请的出具证明

出具证明就是档案馆（室）应利用者的申请，根据馆（室）藏资料与档案中的记载而出具的书面证明材料。

机关团体和个人为了处理和解决某个问题，往往需要档案馆（室）出具证明材料，用原始记录来说明一定历史事实，发挥资料与档案的历史凭证作用。根据利用者申请，为维护公民和组织的合法权益，解决人事、财产等方面的纠纷和诉讼，资料与档案管理部门可出具档案证明，从而满足利用者的需要，为机关团体或个人排忧解难。

#### 1. 档案申请出具证明要求

（1）引经据典。档案证明必须根据档案正本或可靠的抄本来编写，以引述或节录资料与档案的原文为主要方法，不可任意删改和添加，并要说明材料的出处和根据。如果必须由档案工作者根据档案内容综合或摘要叙述时，务必保证表述的准确性和真实性。

（2）格式规范。在证明材料中还应写明证明材料的接受者（申请者）以及制发证明材料的档案馆（室）的名称和制发证明的日期，以备查考。一般证明材料可分为文字式和表格式两种。

（3）手续完备。证明材料写好后，必须与原始材料进行认真的核对。经核对无误后，在证明材料的末端注明材料出处。

#### 2. 档案申请出具证明的手续

（1）提出申请。证明材料必须根据机关团体或个人的申请制发。申请书必须写明申请出具证明的理由，所要证明的事项及其发生的时间、地点等情况，以便资料与档案管理人员对申请书的审查以及证明材料的查找与编写。

（2）审查申请。由档案管理部门的负责人对利用者提出的申请进行认真的审查，并查看其个人身份证明。如果手续完备，则根据其申请内容，查阅有关资料与档案，为出具证明做好前期准备。

（3）出具证明。档案馆（室）是管理资料与档案的机构，不是国家公证机关，它不能代行其他机关的职权和任务。所出具的档案证明，只是向有关机关或个人证明某种事实在本馆（室）所保存的档案中有无记载和如何记载的，不是直接对某种事实下结论或给予某种权利。

### （四）档案复制件的制发

档案复制件制发是根据利用者的需要发送和提供纸质文件的副本或摘录。近年来，随着电子文件的问世，利用方式也包括提供拷贝磁盘或刻录光盘。

制发复制件可以扩大档案的服务面，满足利用者的需要；方便利用者，使有查考价值的信息可以长期使用、重复使用；保护珍贵的原件，延长档案的使用寿命，使其能永久或长期保存；扩大资料与档案工作的社会影响，提高其利用效益。

#### 1. 档案复制件制发的形式与方法

制发复制件由档案管理部门接待人员办理，或经过档案管理组织同意后也可自行采用照相机、摄影机进行拍摄。复制档案资料，可按照有关规定收取复制成本费。根据利用者的不同需求，资料与档案复制件的制发，可分为下列形式：

（1）提供副本。副本就是根据利用者的需要，对档案原件所进行的全文复制。复制的方法可采用复印、扫描或拍摄等。

（2）提供摘录。摘录就是根据利用者的需要，选取档案原件的某些部分，通过摘抄、复印等方法进行复制，提供给利用者。

（3）提供电子文档拷贝。除了网上检索利用资料与档案外，对于有特殊需求的利用者，还可使用光盘、磁盘或U盘，通过刻录、拷贝等方法，复制用户所需要的电子档案，对外提供利用服务。

服务者在向利用者提供电子文档拷贝时，应将文件转换成通用标准文档存储格式，由利用者自行解决恢复和显示的软硬件平台。当利用者不具备利用电子文件的软硬件平台时，也可以向这些利用者提供打印件或缩微品，或者在计算机网络上提供可下载的文件。

#### 2. 档案复制件的制发程序

（1）提出申请。由利用者填写复制档案的申请单，说明复制的用途、材料名称、份数和规格及复制的形式和方法等，报请有关部门或领导批准。所有复制申请单工作人员必须保留归档备查。

（2）进行复制。工作人员可采用抄录、复印、扫描、激光照排、翻拍、晒印蓝图、电子文档拷盘或刻录等手段对档案进行复制，以满足利用者的需要。

（3）完备手续。纸质档案复制件必须和原件仔细校对，并在文件空白处或背后注明档案馆（室）的名称、文档原件的编号，必要时加盖公章，以示负责。电子文档提供拷贝，也应履行签收手续，并按规定期限进行回收。

### （五）档案的外借服务

档案的外借，就是利用者在办理一定的批准和借阅手续后，将档案借出馆(室)外阅看。

从维护资料与档案的完整和安全出发，资料与档案一般是不借出馆（室）外使用的，只有在特殊情况下，为了照顾利用者工作方便，或某些机关必须使用档案原件作为证据，经领导批准后，才可以借出馆（室）外使用。

但是对于特别珍贵的资料、档案、古稀文本，以及照片、影片、录像带、录音带等原件，必须坚持原则，不能借出馆（室）外。

### 1. 档案可供外借的范围

可供外借的档案的范围主要有：上文中可供阅览的资料；法律、法规、规章、政策性和规范性文件，公开出版或已开放的文件汇编及其他资料；与本人工作紧密相关的本企业档案（经过主管领导批准）。

不同组织要根据本组织的具体情况规定资料与档案的可外借范围。

（1）内部借阅。本组织领导或机关内部各业务部门负责人、有关工作人员如须借阅档案，须履行下列手续：

第一，借阅档案的人员应填写"档案借阅单"，并经分管领导人批准后，到档案管理部门办理借出手续。

第二，档案管理人员按照规定，要求借阅人填写"档案借出登记簿"，并对所填内容逐项核对无误后，方可将档案借出。

第三，借阅人对所借档案进行清点核对后，必须在"借阅人签字"栏内履行签收手续。

（2）外部借阅。外单位来人借阅档案，应持有查（借）阅档案介绍信，写明利用者的身份、借阅目的、范围和借阅期限等，经本组织领导批准后方能借出。

（3）人事档案借阅。凡因考察、任免、调动、审查、组织处理、入团、入学、选派出国人员、选拔干部以及其他重大事件进行政治审查时，可以借阅干部人事档案。在办理借出手续时，档案管理人员还要对借档人员的身份及与利用对象之间的关系进行核查，查阅人事档案者，必须是由组织委派的党员干部；任何人不能借阅涉及本人或直系亲属的资料与档案。

### 2. 档案办理外借的规章制度

档案借出后，该文本已不在档案管理人员的控制范围内，它的安全就会失去有效保证。为确保信息的安全，需要建立健全必要的档案外借规章制度。

（1）借阅期限。档案借出使用的时间不宜过长，一般不超过一个星期，借出时档案管理人员和借档人员应交接清楚。档案管理人员应在被借阅案卷的位置上，设置醒目的代卷卡，卡上标明借阅卷号、借阅时间、借阅组织和借阅人姓名、归还时间，以便检查和催还。

（2）阅读场所。利用者在借出档案后，应严格按保密规定办事：必须在安全有保障的办公室内阅读，不得擅自把材料带回家，下班前应把档案放在有保密装置的文件柜内，随手上锁。严禁存入私人办公桌抽屉里或者就放在办公桌上过夜。携带重要档案外出开会时，中途不得探亲访友，出入公共场所，办理与文件无关的事。

（3）借阅范围。借阅者应负责维护被借阅档案的完整与安全，未经领导批准，不得随意扩大阅读范围或转借他人。不得私自影印、复制所借材料，更不得拆散、抽取案卷中的材料。阅读档案时，不能在材料上用笔勾、抹、涂、画，不能喝水、抽烟或吃零食，以免水杯打翻、烟灰掉落或油渍污染，缩短档案的使用寿命。

（4）完好性检查。档案管理人员在借出的材料归还时，要认真清点和仔细检查文件状况，并及时注销。若发现借出的档案有毁损情况，应及时请示领导，对有关责任人给予严肃处理，并对被损档案采取补救与修复措施。

（5）借阅反馈。借出的档案归还时，档案管理人员还应该请借阅人员做好利用效果登记，把档案在利用中的实际效果记录在案，便于为档案利用工作的统计提供依据，也可为档案编研工作积累素材。

# 第四节　档案的编研与鉴定

## 一、档案的编研

### （一）档案的全宗指南编写

编写档案参考资料是档案间接利用工作的重点。常用参考资料可以分为以下种类：

### 1. 全宗指南的作用

全宗指南[①]是以本组织全宗为对象范围、以叙述的形式对立档单位及其档案的内容和成分等情况进行报道的材料，是向利用者介绍和报道全宗构成者（立档单位）及其所形成档案情况的工具书。

编写全宗指南可以为利用者检索档案提供基本线索，为实际利用全宗中的具体案卷、文件提供基本背景材料。在具体利用全宗内的某些具体案卷、文件时，如果利用者对全宗总体情况毫无所知，则往往难以理解其意义、判断其价值，难以搞清案卷之间、文件之间的关系。有了全宗指南，使利用者掌握了具体利用某些档案时应该具备的基本背景知识，从而有助于提高利用档案的效率。

---

① 又称"全宗介绍"。

### 2. 全宗指南的结构

全宗指南由封页、正文、备注三部分组成。正文部分由全宗构成者沿革、全宗内档案情况简介、全宗内档案内容与成分介绍三部分组成。

（1）封页。封页项目包括全宗指南名称、时间和全宗号。全宗指南名称由全宗构成者的名称（全称或通用简称）及全宗指南构成。

（2）正文。

第一，全宗构成者沿革简介。全宗构成者沿革简介由构成者名称、时间、主要职能、隶属关系、全宗构成者主要负责人名录、内部机构设置及其各历史阶段演变情况等内容组成。

全宗构成者的名称按全称书写，通用简称书写在全称后面的圆括号内。全宗构成者所有曾用名称按时间顺序书写在全宗构成者的沿革中。

全宗构成者沿革应结合时间撰写，和下列内容有关的时间应反映在全宗构成者沿革中：①全宗构成者成立、合并、改组、更名和撤销时间。②全宗构成者内部机构的设置及重要部门的调整、增设、合并、更名、撤销时间。③全宗构成者上级主管机关变更时间。④其他所有反映全宗构成者的重要活动时间。

全宗构成者的主要职能包括全宗构成者的性质特征、职权范围和主要工作与任务。

全宗构成者的隶属关系主要指全宗构成者和其上级主管机关的组织关系和业务关系；全宗构成者和其重要的直属下级机关的组织关系和业务关系。全宗构成者上级主管机关如有变更，也应反映在全宗构成者沿革中。

全宗构成者负责人名录主要包括全宗构成者正副职负责人姓名、职务、任期时间。

全宗构成者内部机构的设置及其各历史阶段演变情况主要包括全宗构成者内部一级机构的名称；全宗构成者内部一级机构正职负责人的姓名、职务、任期时间；全宗构成者内部一级机构的主要职能；全宗构成者内部机构中重要部门的增设、调整、放大、合并、撤销情况及内部一级机构在各历史阶段的变化情况。

此外，还有涉及全宗构成者的重大事件和对全宗构成者产生了重要影响的活动，以及全宗构成者改组和撤销的原因也应在这一部分介绍出来。

如果是个人全宗，应主要介绍其姓名、别名、生卒年月日、籍贯、职务、职称、主要业绩、荣誉称号及简历。

第二，全宗内档案情况简介。全宗内档案情况简介主要包括档案的数量及保管期限、档案的完整程度、档案的利用价值及鉴定情况、检索工具的配置情况和档案的整理情况。

第三，全宗内档案内容与成分介绍。全宗内档案内容与成分介绍应以文章叙述的形式，按全宗内档案的实际分类体系结合问题介绍。由于分类体系有多种形式，全宗内档案内容和成分介绍的结构也可有多种形式。现代的综合档案室在编写全宗介绍时，往往先将全宗档案按文书档案、科技档案、专门档案分为三大部分，每部分再设类项进行介绍。

全宗内档案成分的介绍一般与档案内容的介绍同步进行，即在介绍某类项档案的内容之前或之后，对这部分档案的成分予以介绍。成分介绍一般涉及档案的来源、文件的作者、档案的形式 (文件名称, 使用非汉字文字和非纸质载体档案的情况) 及形成时间等。对档案内容的介绍，一般应首先考虑按全宗内档案的实际分类体系形成总的框架，再结合问题、重要程度、形式等进行介绍，介绍深度依据档案的重要程度和数量状况灵活掌握。在对档案的内容和成分进行介绍时，根据需要还可对档案的可靠程度和利用价值做简要评述。在逐类项进行介绍之前，若有可能，最好能对整个全宗档案的内容和成分做概括的总述。

(3) 备注。备注部分主要介绍本全宗指南的编制情况，有关全宗内档案的补充说明，全宗指南中需加以解释的名词、事件及问题，以及全宗内档案增加、调整、遗失、销毁等说明和其他有关问题的说明。

### （二）档案的大事记编写

大事[1]记是按照时间顺序，简明地记载和反映一定历史时期、一定范围内发生的各种重大事件和重要活动的参考资料。大事记能够系统扼要地记录重要事件的历史过程，客观地揭示其中各种因素及其相互关系，从而为人们查考事实、研究事物发展规律提供可靠的资料。

大事记的用途主要有三个方面：①帮助组织的领导和工作人员了解本组织、本系统、本地区的发展历史和主要情况，以便于掌握一些重要问题的来龙去脉，有效地开展工作，并研究和把握工作规律；②为历史研究人员和史志编修人员提供系统的相关资料；③它是对人们进行传统教育的素材。

### 1. 大事的选择标准与范围

编写一部大事记首先需要确定大事的选择标准与范围。大事记中应选用确属重大事件的档案材料，避免事无巨细地加以罗列。但是所谓大事和小事在不同的时空条件下是相对而言的，因此，在确定大事时，要从大事记对象的实际情况出发加以选择，做到大事要事不漏、小事琐事不取，才能使大事记清晰而不烦琐、简明而得其要领、全面而概要地记述历史发展的真实面貌。

(1) 大事的选择标准。可以从以下方面考虑大事的选择：

第一，从史实的影响方面考虑，在大事记所记述对象的范围内，属于全局性、典型性的事件，以及对现实工作和历史发展有重要影响的事件和活动，应作为大事；反之，

---

① 大事，即指事件涉及的范围极广，影响较大，不仅在当时属重大事件，而且事后影响较久、较深刻的事件。

那些局部的、只有一般意义的事件和活动，可作为小事。

第二，从史实的特色方面考虑，反映大事记对象的性质、任务、主要职能活动等方面特点的事件和活动应该作为大事；反之，那些反映非主要职能活动、不具有自身特点的事件和活动应该作为小事。

第三，从史实的背景方面考虑，在大事记所涉及的历史时期中，反映国家路线、方针、政策，以及本地区、本组织中心工作的事件和活动，应该作为大事；反之，那些当时、当地一般性、常规性的事件和活动则作为小事。

（2）大事的选择范围。根据以上标准，在编写组织大事记时，可以从不同方面选择大事：①组织的各种重要会议、重大活动情况；②组织领导人的各种重要活动情况；③以组织名义制定的方针政策，发布规定，做出的重要决定、决议、规划；④本组织的成立、撤销，以及隶属关系、职权范围、内部机构的变动情况；⑤本组织主要领导成员的任免、奖励情况；⑥本组织工作中出现的典型事件、事故；⑦上级组织或上级领导对本组织的重要指示，以及上级领导到本组织检查工作的重要活动情况；⑧报纸、刊物发表的关于本组织的经验、事故和批评的报道和重要新闻等；⑨重大成果（生产上的重大突破、科研上的重大发明创造、重要产品等），经济建设、文化建设、科学技术的重大变革和成就，以及重大公共设施的建设。

### 2. 大事记的类型

（1）机关大事记。机关大事记记载一个机关在一定时期内的重要活动。

（2）国家或地区大事记。国家或地区大事记记载全国或一个地区在一定时期内的重大事件。

（3）专题大事记。专题大事记记载国家、某一地区、某一组织在一定时期内在某一方面的重大事件。

（4）个人生平大事记。个人生平大事记记载著名人物的生平及重要活动。

大事记的名称比较灵活，除了称"大事记"外，还有的称"大事年表""大事记述""大事编年""大事纪要""大事辑要"等。大事记可以作为一种独立的参考资料，也常作为年鉴、专业辞书、史料汇编或专著的附录置于正文之后。

### 3. 大事记的结构分析

（1）题名。题名即大事记的标题，其结构包括大事记的对象、内容、时间、名称等要素。其中时间可以直接列入标题之中。

（2）编辑说明。编辑说明也可称为编者的话等，是对大事记编写情况的概要说明，其内容包括：编写大事记的目的和读者对象；编写大事记的指导思想和原则；大事记的时间断限、选材标准、材料来源等；大事记的编写体例、结构及某些需要说明的编辑方法、编者的情况等。

（3）序言。序言通常用来介绍大事记记述对象的情况，例如，介绍有关地区的历史发展、建制变化，有关单位的组织沿革、基本职能，有关专题的基本内容和特色，有关人物的主要生平事迹和社会影响等。序言的内容比较精练，篇幅短小，在编写上也可以与编辑说明合并。

（4）目录。目录①的作用是帮助读者查找大事记的条目。大事记的目录应根据编排体例编写。编年体大事记可以按照历史时期或年代列出大事条目所在页次；分类编年体大事记可按所分类目列出大事条目所在页次。

（5）正文。正文是大事记的主体，要求简明、清晰地反映大事的情况。

（6）按语和注释。按语是简要介绍某一事件或问题历史背景和要点的说明性文字，起总括下文、引导阅读的作用，通常排在每个时期或类目之前。注释是对于一些在大事记中出现的现代人比较陌生的人物、地名、词语等进行解释的文字，有脚注和尾注两种形式，其作用是帮助读者理解文中的含义。

（7）附录。附录是大事记的辅助材料，通常包括参考书目、大事主题索引、人名索引、地名索引、行政区划图，以及大事记涉及的地区、单位的具有代表性的数据或图表等。附录的种类根据大事记的内容和读者对象的特点而定，置于正文之后，以便于读者查阅。

### 4. 大事材料的收集与核准

（1）大事材料的收集。

一个组织在工作中发生的大事、要事很多，涉及工作的不同方面，因此，在为编写大事记收集材料时应尽可能通过各种渠道全面查阅有关材料。以编写机关大事记为例，收集大事材料的重点渠道包括以下方面：

第一，上级领导机关、业务主管机关及本单位的档案文件。它们记载了重要工作活动、重要事件等情况，具有权威性和准确性，是大事记的主要材料来源。

第二，上级领导、业务主管机关及本单位的简报、快报、月报、要闻摘报、动态等资料。这些材料记载了各个方面发生的各种类型的大事、要事、奇事，所述事实准确、清楚，是大事记的重要材料来源。

第三，报刊、电台、电视等新闻媒介的报道。尤其是当地的新闻媒介，经常宣传、介绍本单位的一些大事、要事、奇事，其中可以获得一些有价值的材料。

第四，地方史志、年鉴等纪实性资料。地方史志和年鉴通常是由官方组织、专业人员编写的历史文献，能够全面系统地记述一个地区各方面的情况，具有权威性，可以作

---

① 也称"目次"。

为大事记一个重要的参考材料来源。

第五，口传史料。有些年代较为久远的大事，未见于正式记载，而在群众中流传。这种口传史料也有一些确属事实，经考证可以收入大事记中。

第六，大事记录。有些单位建立了日常的大事记录制度，随时将本单位发生的大事记载下来，形成了比较完整的大事记录材料，因而可以成为大事记的材料来源。

（2）大事材料的核准。大事记作为一种历史资料，应力求内容的准确无误。但是，由于所收集的材料来源广泛，其中难免有记述失实的情况。因此，应对收集的材料进行审查、筛选，以免将不实之事录入大事记中。

在编写大事记过程中，从不同渠道收集的各种材料其可靠程度有所不同，应注意区别掌握：①对来自口传史料的材料，应逐条详加考证，确认史实无误后方可使用；②对报刊、电台、电视等新闻媒介的报道，以及史志、年鉴中的记载也要分析，因为报道的时间、角度及取材的方法不同，有些材料有可能出现数据或事实不准确的情况，不能盲目采用；③本组织编发的简报、动态及各种档案文件中记载的事实一般比较准确，可信度较高，大部分可以直接采用。

核准大事材料的主要方法是将多种记载对照核实，也可以向事件发生的组织或当事人查询核实。核准大事材料的步骤包括：①认真分析和研究每一条材料，发现不确切或不合理的地方，要考证清楚后再决定取舍；②大事记初稿完成后，应印发给有关组织或组织内部机构，广泛征求意见，订正事实，补充材料；③在定稿前，还应由该地区或组织领导审核把关，发现问题及时纠正。

### 5. 大事条目编写的方法

大事记的条目通常由大事时间和大事记述两部分组成，在每一条目中可注明大事材料的来源，以便查对。

（1）大事时间。大事记中的时间是大事发生的重要历史坐标，因此，必须记载准确的年、月、日，然后再按大事发生的时间顺序进行排列。有些特殊事件还要写明确切的时、分、秒。如果某条大事的日期不完整或不清楚，经考证后仍无法确定，则按以下的原则把握：日不清者，该条目附于月末，称为"是月""本月"；月不清者，附于年末，称为"是年""本年"；年不清者，一般不记。

（2）大事记述。大事记述是大事记的核心部分。它通过对许多重大历史事件的记述，反映一个组织发展的概貌及其规律性。因此，应选用确属重大事件的材料，避免事无巨细地罗列材料；同时也要防止片面摘取和割裂材料，不能全面地反映重大事件的真实面貌。其记述的方法和要求如下：

第一，一条一事。大事记中的大事记述要求一条一事，而不能将若干事件放在一个条目中综述。即使在同一时期内有许多事件需要记载，也应各立条目，或在该日期之下分段记述，以保证条目清晰，便于阅读。

第二，大事突出，要事不漏，小事不要。以一个组织来说，涉及组织重要之事，如职工代表大会的召开、重大成就、重大变动等。所谓要事，即事件在一定的范围和时间内有较大影响，事后仍有一定的参考意义的事，如本组织某一方面的具体政策、较重要的科研成果和技术革新、较重要的专业会议等。一个组织每年有成百上千甚至更多的事件发生，大事是少数，多数是要事和小事。编写大事记时，应坚持大事突出、要事兼顾、小事不要的原则。如不区分大事和小事，凡事都记，大事淹没在琐碎的事务之中，大事记成了明细账，就没有什么参考价值。只记大事，不记要事，就会使大事记内容单一。记载要事是对大事的补充、衬托，使其内容丰富充实。通过选择，记入大事记的大事和要事，从横向来看，能够反映出每个阶段的组织特点和中心任务；从纵向而言，能揭示出本组织所经历的大事及其发展变化，以便总结经验教训。

第三，文字简明。大事记述的文字要简约、凝练、清楚，除了表述事实所必需的说明性文字外，一般不使用修饰性和描写性的文字。在记载事实时，地点、人物、内容或主要情节、性质等要素必须齐全，文字的详略要以将史实叙述清楚为准。对于重要会议，除记述其名称、会期、主要与会者外，还应说明会议的主题、主要议程、重要决议事项和结果等。对于史实中某些人们不熟悉、难以理解的内容，可在条目中简要说明，也可采用注释的方式说明。

第四，因果始末清楚。进行大事记述时，应注意将事情的源头始末、因果关系等交代清楚，以使读者全面了解和正确认识事实真相。记述时，对于那些过程为一天以上的事实，通常应采用集中或相对集中的方法，而不应按"日"记流水账。其中过程比较长并具有一定阶段性的事实，可以按阶段将事实分为若干条目记述，也可将事实首尾各记一条，并在记述中前后呼应。那些内容比较简单、过程又比较简短的事实，则可以将该事实的全过程记述于一条之中，写清起止日期，将条目置于事件开始之日或结束之日。

第五，观点正确，选材真实。编写大事记在分析人、物、事时，必须如实反映事物的本来面目。选材力求真实可靠、有根有据，对每件材料的形成时间和地点及内容的正确性都要认真加以鉴别。内容不实、根据不详者一般不予采用。

第六，可做适当评价。大事记一般只是客观地记述事实，不加编者的主观评论。但是，对于某些具有特殊性或开创意义的事件，除了将事实记述清楚之外，可以对其意义和影响做简要介绍，以帮助读者加深对历史事实的认识和理解。

### 6. 大事记编排的体例

大事记一般采用编年体，以年月为经，以事实为纬，将大事条目按照时间顺序排列，以反映同时期大事之间的联系。大事记的编排方式有如下两种：

（1）编年体编排方式，这是完全按照时间顺序记述大事。有的大事记采用先分历史时期，再于每个时期中按年、月、日的顺序排列大事的方法；有的大事记则采用直接按照大事发生的年、月、日进行排列的方法。

（2）分类编年体编排方式，这是先按照事件的性质分类，再按时间顺序记述大事，如《中华人民共和国大事记》就是采用此种方法，先按性质将事件分为政治、财政经济、军事、文化教育、中外关系五大类，每类下再分为若干属类，每个属类下的大事按年、月、日排列。

### （三）档案的组织沿革编写

组织沿革[①]是以文字或图表形式系统地记述和反映某一独立组织自身发展演变情况的参考资料和工具。组织沿革能够比较完整、系统地揭示各种不同类型组织的来龙去脉，具有内容的专题性和记述事实的连续性两个特点。

组织沿革着重记述和反映组织自身在组织系统方面的有关情况，如组织的成立、合并、撤销、复建的情况，组织人员编制和内部组织机构的设置情况等。组织沿革以系统地反映该组织自身发展、变化的历史过程为目的。

组织沿革的主要用途包括：便于查考和研究本地区、本系统、本组织的机构和人员发展变化情况；能够为国家机关史、地方史、革命史及各种专业史研究提供组织建设方面比较系统的资料；可以为档案室（馆）编写立档单位历史提供系统的材料；也可以帮助档案利用者了解立档单位的情况，认识档案的价值。

### 1. 档案组织沿革的分类

（1）机关组织沿革主要记载一个组织及其内部机构和人员的演变情况。

（2）地区组织沿革主要记载一定行政区域或行政区域内所属党政群各级组织的设置和演变情况。

（3）专业系统组织沿革主要记载一定专业系统所属组织的设置和演变情况。

### 2. 档案组织沿革的内容

组织沿革通常由标题、序言（编辑说明）和正文组成，根据需要可以增加目次和注释。组织沿革正文包括以下内容：

（1）组织、地区或专业系统的历史概况、行政区划、建制变更情况。

---

① 也叫作组织机构沿革。

（2）组织的性质、任务、职权范围和隶属关系。

（3）组织内部机构设置和人员编制的变化情况。

（4）组织领导人的任免情况。

（5）组织名称的变更、印信的启用与作废、单位办公地点的迁移等情况。

### 3. 档案组织沿革的编写体例

（1）系列法。系列法是以组织机构或组织建设问题为线条，形成各个系列。在编写时，首先按照系列，然后再按年度顺序，分别记述其演变的始末概况。如果按照组织机构的系列编写组织沿革，则以组织内部机构的实际设置为线条，分别记述各机构的变化情况；如果按照组织建设问题编写组织沿革，则可以分为组织体制、职能与任务、隶属关系、机构与人员编制、干部任免、印信使用等若干方面分别记述其演变情况。

系列法的优点：能够比较系统地揭示组织、地区或专业系统内部组织机构和组织建设各方面情况的发展脉络，便于读者分项目了解组织、地区或专业系统的演变情况。组织机构比较稳定且独立性较强的组织、地区或专业系统，可考虑采用系列法。

（2）编年法。编年法是按照年度记述某一组织、地区或专业系统的组织概况。采用编年法编写组织沿革时，先将材料按年度分开，然后在每个年度中再分别记述各方面的情况。编年法的优点是：每个年度的材料集中，自成体系，全年的情况显示清楚。历史较短、规模较小、内部机构不太稳定的组织，可以考虑采用编年法。

（3）阶段法。阶段法是根据组织、地区或专业系统发展变化的特点，将其划分为若干历史阶段，在每个阶段中再分别记述各方面的情况。这种方法在一定程度上吸收了前两种方法的优点，使时间和系列经纬交织，能够比较清晰地反映组织的演变情况，便于读者阅读和理解。采用这种体例时，应注意根据编写对象的发展特点合理地划分阶段。已经具有一定发展历史的组织、地区或专业系统，可考虑采用阶段法。

### 4. 档案组织沿革编写的选材

组织沿革是对组织、地区或专业系统组织建设和发展情况进行记述的资料，在内容上必须做到全面、准确和严谨，这就需要做好材料的收集和选择工作。

组织沿革使用的材料应主要从档案中收集，而其他来源的材料则应慎重选用。有关组织、地区或专业系统组织建设方面的档案通常集中在单位的综合部门，如办公厅（室）、组织部门和人事部门，因此，上述部门可以作为收集材料的重点对象。但有时也需要从本组织其他部门或外组织的档案中收集材料作为补充。

某些通过调整而成立的新组织，其形成之初的有关文件往往保存于其前身组织中。有些情况本组织没有形成正式记载，则可以从其他材料中寻找求证，例如：借助于工资单存根，可以查出某一时期组织及各机构的人数；利用组织或领导人留在文件上的印信、签字，可以查证领导人的情况等。对于记载不准确、证据不足的材料，应认真考证再予以收录；经考证也无法证实的情况，应加以说明。

### （四）档案的会议简介编写

会议简介是简明扼要地记述会议过程和基本情况的参考资料。各种重要会议都可以编写会议简介，如人民代表大会、团代会、职代会、全体委员会或常委会、行政办公会、经理办公会，以及一些重要的工作会议、专业会议和学术会议等。召开会议是各组织开展工作的一种重要方式，特别是重要的会议，具有决策、指导、启迪和教育作用。

为了解会议情况，查找会议文件是组织工作人员、科研人员经常采用的一种档案利用方式。一般来说，会议文件数量较多，常规性会议文件分别保存在不同年代中，将重要会议的基本情况编写成介绍材料，对于利用者了解会议简况，总结工作经验，查证某一问题或筹办新的会议具有很好的参考价值。因此，会议简介可帮助利用者迅速准确地查询会议情况。

### 1. 会议简介的内容

编写会议简介的材料来源主要是会议文件，包括会议通知、开幕词、报告、记录、决议、简报、闭幕词、公报、会议纪要等。会议简介的内容主要有以下方面：

（1）会议的名称和届次。

（2）会议的时间、地点及主持人。

（3）会议参加人员。对于出席会议的重要领导人和来宾可标明姓名及职务；其他代表只标明人数；如有需要，可将与会人员名单作为附录附后。

（4）会议的主要议程及内容。这是会议简介的主体部分，其中应着重记述会议主要报告的题目及内容要点、会议讨论的有关问题、会议通过的决议、报告、提案等事项的名称及内容要点、选举结果等。对于选举结果，一般只标明选举出的主要领导人姓名及职务，以及委员、候补委员的人数即可，需要时也可将全部选举结果以附录形式附后。

### 2. 会议简介编写的要求

（1）事实清楚、准确，无论是会议基本情况还是会议内容都不能出现重要遗漏或失实现象。

（2）会议情况介绍线条清楚，属于同类历届会议的简介应按届次顺序排列，汇集成册并编制目录。

（3）语言简练，要点突出。会议情况可以从简介绍，会议的报告和重要事项应详细一些；为避免历次会议介绍大同小异，面目相似，应注意对每次会议特色的介绍；必要时可以对会议的意义、效果做简要评价；对于专业会议，更要注意写出其专业特色。

为了写好会议简介，需要全面认真地研究有关会议的文件，尤其是会议报告、决议、简报、记录等，从中了解会议的主要精神，这样才能介绍得清楚、准确，抓住要点。

## 二、档案的鉴定

### （一）档案的鉴定内容

档案鉴定包括档案的价值鉴定和档案的真伪鉴定两个方面的内容。目前，档案界所称的档案鉴定主要是指档案的价值鉴定。档案价值鉴定工作就是各个档案机构按照一定的原则、标准和方法来鉴别和判定档案的价值，确定档案的保管期限，并据此销毁失去保存价值的档案的工作。

档案价值鉴定工作的内容主要包括：制定鉴定档案价值的有关标准；具体判定归档文件的价值，确定其保管期限；审查保管期届满的档案，对确无保存价值的档案予以销毁；定期开展档案开放鉴定。

### （二）档案鉴定的标准

档案鉴定必须从国家和人民的整体利益出发，用全面的、历史的、发展的观点判定档案的价值。为保证鉴定工作的客观、可靠，必须建立明确的档案价值鉴定标准。档案鉴定的标准主要有来源、内容、相对价值和形式特征等方面：

第一，来源标准是指档案的形成者在社会上以及机关内的地位、作用和职能可能影响甚至决定档案的价值。

第二，内容标准主要是指档案内容的重要性、独特性和时效性。档案内容是决定档案价值最重要的因素。

第三，档案的相对价值标准，主要依据所存档案的完整程度、档案内容的可替代程度和各全宗之间档案的重复程度三个方面去判定。

第四，档案的形式特征是指文件的名称、文本、可靠程度、外形特点等，这些特征在某种程度上会影响到档案的保存价值。

总之，档案的价值是由各个方面因素所决定的，必须根据每份或每组档案的具体情况，从档案的内容入手，综合考察分析其来源、时间、形式等因素，全面判定档案的价值。

### （三）档案鉴定的基本方法与程序

#### 1. 档案鉴定的基本方法

鉴定档案价值的基本方法是直接、具体地审查档案,通常把这种方法称为直接鉴定法。直接鉴定法要求档案鉴定人员逐件逐页审查档案材料,从它的内容、作者、名称、可靠程度等方面,全面考查分析确定其价值。

直接鉴定一般以案卷为基本单位进行,比如,一个案卷内存有不同保存价值的文件,而文件之间又有密不可分的联系,则以其中最重要的文件价值来确定保管期限,一般以不拆卷或个别拆卷的办法来处理。

### 2. 档案鉴定的主要程序

(1) 归档鉴定。由文书部门或业务部门在档案室指导下,制定本单位的相应表格。之后,剔除没有保存价值的不归档文件,再按照相关相应表格,对归档文件确定保管期限。

(2) 档案室的鉴定工作。档案室的鉴定工作一般包括:对归档材料的初始鉴定结果进行质量监控,检查所定的保管期限是否准确,对不符合要求的做局部调整。同时,对保管期限届满的档案进行复查鉴定,重新审定其是否需要继续保存,对其中仍有保存价值的档案,重新划定保管期限,对于失去保存价值的档案,剔除并按规定销毁。

(3) 档案馆的鉴定工作。档案馆的鉴定工作一般包括:对进馆档案的保存价值、整理质量和保护状况进行检查;对封闭期已满的档案进行开放和划控鉴定;对馆藏档案开展定级鉴定;对保存期满的档案做复查鉴定以确定存毁。

### (四)档案的销毁

档案的销毁是将已失去保存价值的档案材料以特定的处理方式改变正常的物理载体形式,从而使其所携带的信息无法被还原的过程。

### 1. 档案的销毁清册

凡须销毁的档案,必须编制销毁清册。销毁清册是准备剔除销毁的档案的登记簿,也是日后查考档案销毁情况的凭据。档案销毁清册封面上的项目有:全宗号、全宗名称、立档单位名称、编制档案销毁清册单位名称和编制时间等。

销毁档案登记栏是档案销毁清册的主要部分,其主要项目有:序号、案卷或文件题名、起止日期、号码(案卷目录号、案卷号或文件字号)、数量、销毁原因、备考等。具体项目可以根据具体情况进行增减。一般是以案卷为单位登记,必要时,也可以按文件登记。

档案销毁清册应以全宗为单位编制,每一清册至少应一式两份,一份留档案馆(室),一份送有关领导审查批准,如果要报档案行政管理部门备案,则须一式三份。

### 2. 档案的销毁审批制度

鉴定需要销毁的档案,应当编制销毁清册,办理批准手续。各单位需要销毁的档案,须经单位审核批准后施行；档案馆需要销毁的档案，须经鉴定委员会审核，报主管领导部门批准后施行；销毁 1949 年以前形成的档案，须经单位领导人或鉴定委员会审核，并同时报国家档案局批准。经办理审批手续后，须对需要销毁的档案检查准确无误方可实施。

### 3. 档案的销毁方式

档案可以送到指定造纸厂化成纸浆，这是销毁大批量纸质档案最为常用的一种方式；数量少而又具有机密性的档案应当先用碎纸机打碎再做处理；以磁带、磁盘、光盘等为载体的档案，可以采用物理删除、格式化或焚烧等方式销毁。无论采取何种方式进行销毁，都必须严格坚持两人以上监销的原则。监销结束后，监销人员须在销毁清册上签字，并注明"已销毁"字样和销毁方式、销毁日期。已经销毁的科技档案，应在目录上注销，并对排列顺序进行相应调整。

# 第三章　医院档案管理的内容范畴（一）

## 第一节　医院档案信息管理的利用

### 一、信息与档案信息

#### （一）信息

现代社会，信息与物质、能源共同构成人类社会发展的三大资源。与物质与能源相比，信息[①]具有独特的价值。信息普遍存在于人们的生活当中，无时不在，无处不有。它既是可感知和可识别的，又是可传递和可交流的，也是可转换和可保存的，还是可加工和可再生以及可共享和可扩散的。信息作为现代社会极其重要的一种战略资源，可以为人类创造物质财富和精神财富，有效地开发和利用信息资源，可以极大地促进生产力水平的提高，促进社会不断向前发展。档案包含着大量关于自然界和人类社会中各种事物的存在与运动的信息。从信息的角度来看，档案的本质就是信息。

#### （二）档案信息

档案信息[②]是通过各种档案载体贮存的记录和反映事物的原始信息。档案信息由档案中的文字、图表、声像等形式所构成。档案信息是对人们社会活动原始的直接记载，它属于原始信息，带有显著的本源性。档案所记载的又是已经发生的活动，用来追溯以往的信息，具有回溯性。与联系性相关，档案信息是按一定规律形成的，具有连续不断定向积累的特点。档案信息来源于各种单位，记录着人们的实践，有些文件在一定时间、

---

① 信息通常是指物质的一种属性，它是客观事物存在形态和运动过程的各种表现与反映。

② 档案信息是指经过档案馆（室）收集归档保存的反映生产建设、文化教育、医疗卫生等各种事物运动状态及其规律的最权威的征象或知识。

一定范围内使用，档案信息又有内向性。虽然从档案信息个体方面来看有内向性，但从整体上来看，档案是全社会的信息记录，是人们进行社会活动形成的产物，又用于社会实践，所以档案信息的内向性也是相对的，是发展变化的。

档案信息的特点使档案信息具有独特的价值。档案信息的本源性，使档案信息具有凭证价值。档案信息的回溯性，可以为人们借鉴前人的经验来进行创新提供条件。档案信息的联系性和积累性，为人们历史地、全面地研究事物发展的规律提供基础。档案信息的内向性表明档案信息具有特殊价值的同时，也使档案信息传播功能低于其他信息。因此，认识档案信息的特点，采取科学的管理措施，大力开发档案信息资源，发挥档案信息的优势，弥补它的局限性，使档案信息在现实经济建设中充分发挥作用，就成为档案工作的重要内容之一。

## 二、医院信息与作用

### （一）医院信息的来源与类型

#### 1. 医院信息的来源

（1）医院内部各部门、各环节所产生的信息，如文件、计划、数据、统计、报表、症状、体征、疗效、经验和教训等。

（2）外界环境所产生的信息，如上级指示、方针政策、科技动态和社会反映等。

所有这些构成医院信息总体。

#### 2. 医院信息的类型

（1）医疗信息。医疗信息主要是病人的临床诊疗信息，包括临床诊疗信息、医学影像检查信息，有关治疗信息、护理信息、营养配餐信息、药物监测信息、重症监护信息等。

（2）管理信息。管理信息包括医院的组织机构、编制、医疗业务、人事、行政、后勤、财务、教学、科研等信息及管理决策有关信息。

（3）医学咨询信息。医学咨询信息包括医学情报、科技情报、各种文字、视听检索资料、病案、图书、期刊和文献资料等。

### （二）医院信息的主要作用

第一，医院信息是医院管理的基础。医院资源包含三个方面：①人，各类人员组织的活动及人才建设、技术力量提高等，最终转换为医疗成果；②物，各种药品、设备；③信息，各种数据资料。要想合理组织人力物力，充分发挥作用，取得良好的医疗效果，就要借助信息的流通，才能使决策者耳聪目明，使其决策、计划、指令正确有效，医院管理井然有序。

第二，医院信息是制订计划和决策的依据。计划和决策本身就是信息，要使计划和决策切合医院实际，行之有效，在实施中少走弯路，就必须掌握各方面的信息，如上级指示、方针政策、社会反映以及医院的各种资料、数据。掌握的信息越多，计划和决策就越具有科学性、准确性和可行性。

第三，医院信息是提高医疗技术水平的资源。技术要发展，水平要提高，就必须掌握大量的医学信息，包括国内外科技动态、先进技术、先进经验、失误教训、资料积累和工作检查回顾等。只有掌握各种医疗信息，加以归纳整理，才能提高每一个医务人员的理论知识和技术水平，提高医院的总体技术水平。

## 三、医院信息系统

医院信息系统是计算机技术、通信技术和管理科学在医院信息管理中的应用，是计算机对医院管理、临床医学、医院信息管理长期影响、渗透以及相互结合的产物。

医院信息系统基本实现了对医院各个部门的信息进行收集、传输、加工、保存和维护，可以对大量的医院业务层的工作信息进行有效的处理，完成日常基本的医疗信息、经济信息和物资信息的统计和分析，并能够提供迅速变化的信息，为医院管理层提供及时的医院信息。

### （一）医院信息的类型

第一，按照层次分，可以分为原始信息和派生信息。原始信息是业务活动中直接产生的信息，包括病人信息、费用信息、过程信息和物资信息等，原始信息内容丰富、容量大。

第二，按照信息的主题分类，可分为病人信息、费用信息和物资信息。病人信息围绕着电子病历而展开，费用信息和物资信息围绕着成本核算而展开。

### （二）医院信息系统信息的内容

第一，病人信息。病人信息覆盖了病案首页、医嘱、检查、检验、手术、护理、病程等内容，其中病案首页又包括病人主索引、入出转记录、诊断、手术、费用等，是医疗效率质量指标的主要信息源。

第二，费用信息。费用信息包含了门诊病人费用明细和住院病人费用明细。其中，住院病人费用明细记录了病人在院的每一天的每一项费用。费用项目包含了开单科室、执行科室，可用于收入统计分析和成本核算。

第三，物资信息。物资信息包括药品、消耗性材料和设备信息。其中，药品包含了药库、各药局的库存、入出库数据；设备信息包含了全院所有在用设备的位置、状况和折旧等信息；物资信息主要用于医院内部科室级的成本核算。

### 四、医院信息利用与再利用

信息与应用的关系，实质就是拥有信息（获取信息、加工信息、存储信息）和应用信息的关系。拥有信息的目的是为了利用信息。不论是医院信息、病人信息，还是医院管理信息，都是为了应用信息来创造新的效益。对于信息的加工处理都是以信息利用为前提的，是先有管理需求，需要利用信息，再去提取信息、处理信息。信息利用的意义：①信息只有通过利用才能体现价值；②信息只有利用才能不断发展；③信息只有通过利用才能发挥信息效能；④信息只有通过利用才能做到资源共享。医院管理中信息大部分是在信息应用过程中产生的。医疗数量信息，给医院管理者提供大量的日变化信息，通过对这些信息的利用，结合医院管理的目标控制或预测等，会产生更具有指导意义的管理信息。

第一，医院信息系统对信息再利用认识：医院信息系统为医院管理提供广阔的应用空间和平台，对于医院信息系统采集的大量信息进行信息再利用也是医院管理的一个重要课题。从某种意义上讲，信息的再利用意义更大、难度也更高，它在医院管理中更能切合医院管理的需要，更具有针对性和实用性。

信息再利用是医院管理和决策中的专题调查和分析，它具有很强的目的性和目标性，可以是宏观政策，也可以是微观具体的任务。

信息再利用对信息的处理超出医院信息系统范畴，一方面可能提取更多组数据，另一方面运用更多的管理技术与方法，有时需要多种计算机软件共同完成。

信息再利用根据医院特定的管理思想和模式进行决策、预测以及统计分析，一旦成熟，它将形成与医院管理信息配套的管理子系统。

第二，医院信息系统的信息再利用关键：医院管理者进一步学习提高的重要内容，只有把医院信息处理技术作为得心应手的工具，才能真正利用信息为医院服务。

## 第二节　医院病案管理的作用与实践

### 一、医院病案管理的定义

病案是有关病人健康情况的文件资料，包括病人本人或他人对其病情的主观描述，医务人员对病人的客观检查结果及对病情的分析、诊疗过程和转归情况的记录以及与之相关的具有法律意义的文件。病人健康情况的记录可以是文字形式，也可以是图表、图像、录音等其他形式。病案的载体可以是纸张、缩微胶片、磁盘、硬盘、光盘或其他设备。目前，病案的称谓已不再仅指医疗记录，而是指更为广义的健康记录。病案管理也涉及这些资料的收集与管理。

一份好的病案应该能够很好地回答"谁""什么""为什么""什么地方"和"怎么样"等问题。具体地说，就是医疗的对象是谁、接受医疗的什么疾病、为什么要这样医疗、医疗操作在什么地方进行？医疗活动是如何进行的？病案除了能够回答上述问题外，记录时还要强调完整性、及时性和准确性。医疗过程中的每一次活动都应有记录，记录的内容应该能够确定病人的身份、支持医师的诊断、评判医疗的合理性。

病案管理学是研究病案资料发生、发展、信息转化、信息系统运行规律的学问，是一门实用性边缘学科。除病案管理、疾病分类、手术分类等自身专业外，它还涉及基础医学、临床医学、流行病学、心理学、组织管理学、统计学、计算机技术、国家政策及法律法规等相关专业。病案管理学的研究对象是病案管理，病案部门组织、技术、方法和标准。病案管理学的任务是通过理论研究，总结出一套行之有效的技术、方法和标准指导病案实际工作，即指导病案资料的收集、整理、分类、存储、检索，信息加工、资料或信息的提供、病案管理的质量监控、病案书写质量监控等。工作流程更加简便易行，符合时代的特点、客观实际的需要。病案管理学还应当研究病案教学的规律，通过正规专业教育及继续教育，指导人才培养。

## 二、医院病案信息的作用

第一，医疗作用。病案在医疗方面的主要作用是备忘，特别是对一些疾病和诊疗情况的细节，患者的家属可能不清楚，但病案上会记录得清清楚楚。而且在现代医疗中，医疗是一个整体行为，医师、护士和医技人员都直接参与到病人的医疗过程中。病案资料可以维系医疗团体的信息传递。病人的健康历史，如患过什么病、吃过什么药、做过什么治疗、对什么药物过敏这些记录对参与医疗的人员都至关重要。

第二，临床研究与临床流行病学研究作用。病案对临床研究与临床流行病学研究具有备考作用。临床研究主要是对案例的研究，即对个案或多个案例的研究。临床流行病学的研究则是对案例相关性的研究，对疾病在家族、在人群流行、分布的研究。病案要想更好地服务于这一目的，必须有计划地收集相关的信息，建立好的索引系统。

第三，教学作用。病案被誉为活的教材，作为教材的优点还在于它的实践性，它记录人们对疾病的认识、辨析、治疗的成功与失败的过程。

第四，医院管理作用。病案的管理作用通常需要通过对病案资料的统计加工才能发挥出来。统计、分析这些变化的原因，对医院制定管理目标、评价管理质量有极其重要的意义。

第五，医疗付款凭证作用。随着我国医疗改革的深入，基本医疗保险制度、商业医疗保险在我国的开展，病案在医疗付款方面有了新的作用——凭证作用。因此，病案记录中的疾病、疾病的编码都成了收费的关键。

第六，医疗纠纷和医疗法律依据作用。医疗是一个高危市场，医院是以病人为医疗对象，极容易出现医疗意外、医疗事故，产生医疗纠纷和法律事件。

第七，历史作用。病案记录了人的健康历史，也记录了人类对疾病的抗争史，同时病案记录也可以反映某一历史时期的历史事件。

## 三、医院病案信息管理工作

病案资料需要加工处理之后才能成为信息，这也是病案管理人员需要掌握专业知识、加工方法、加工工具，成为信息管理专业人才的原因。病案的利用才是目的，根据病案的作用，所有与医疗、研究、教学、法律文书及证据、行政管理、医院经济经营管理等有关的资料都将是收集的对象，可靠的资料来源及资料采集方法是正确统计、分析的保障。病案资料的整理需要按照一定的规则，遵守一定的标准。病案资料的加工、保存及信息的传输需要借助现代化的科学技术，主要是计算机技术。

### （一）病案资料的收集

病案资料的收集是病案管理工作的第一步，也是基础工作。病案资料的收集包括一切与病人个人有关的个人主诉、病程记录、医疗操作记录、护理记录、检查化验报告、签字文件、随诊信件等。在这一过程中，要强调掌握资料的源头。对于门诊病案，资料源头产生于挂号室。挂号室对病案工作的影响有以下方面：

第一，病人挂号后，病人挂号的科别、病案号信息应立即送到病案科，以便迅速将病案送到相应科室。

第二，预约挂号的信息要准确地提交给病案科。

第三，不应让病人自己去病案科取病案。

门诊病案的第二个收集信息处是建新病案处。对于每一个需要建立新正规病案（大病案）的病人，在此处收集他们最基础的个人资料，包括姓名、性别、年龄、住址、工作单位、电话等。这些信息是建立姓名索引的原始资料。门诊病案的其他资料是医师记录及各种化验报告。由于化验报告一般都是后送到病案科室，因此及时、准确地将这些资料归入相应病人的病案中极为关键，它们是医师对病人执行医疗计划的依据。

对于住院病案，工作流程应始于住院登记。住院登记一般归住院处领导，是收集病人的基本信息之处。它不仅是建立病人姓名索引的原始资料，而且其入院诊断等信息也是今后统计比较的资料。住院病案收集要注意资料的完整性，医师一般比较注重医疗过程及医疗结果，对于记录、化验报告等内容常常会忽略粘贴，甚至丢失。

无论是门诊还是住院资料的收集，都将涉及病案表格。进入病案的所有医疗表格，都应经过病案表格委员会，其最重要的常务工作人员就是病案人员。或者说，所有医疗表格的印制在通过表格委员会的认可后，在印刷之前还必须由病案科审核方可印刷。表格设计、表格审核是病案科的工作内容之一。

### （二）病案资料的整理

病案整理是指将纷乱的病案资料按一定的顺序排列，将小纸张的记录粘贴，形成卷宗。门诊病案的整理主要是将诊疗记录按日期的先后顺序排放、粘贴。住院病案的整理则分为三种排列方式：

第一，一体化病案，即将所有病案记录完全按日期先后顺序排放。

第二，按资料来源排列的病案。

第三，按问题排列的病案。

上述第一种方法不利于资料的比较，只适用于门诊病案，不适用于住院病案；第二种是目前普遍使用的办法；第三种则是应该提倡的方法，特别是适用于教学医院及今后电子病案的记录。病案整理过程还包括装订，一般是书本式装订（左装订），应避免上装订方式。

### （三）病案资料的加工

加工是将资料中的重要内容转换为信息，一般是采用索引形式。目前，我国病案管理的加工主要是对病案首页内容的加工，几乎所有的医院都将病案首页信息全部录入计算机。加工还应包括将病案资料的载体由纸张转化为缩影胶片、光盘，甚至录入到计算机硬盘。

### （四）病案资料的保管及利用

保管是指对病案入库的管理。保管对病案库的环境有一定的要求。如病案库的温度、湿度、防尘、防火、防虫害、防鼠、防光等。

病案只有使用，才能体现价值。使用病案的人员除医师外，其他医务人员、医院管理人员、律师、病人及家属、医疗保险部门等都需要使用。越是近期建立的病案，使用频率越高。越是有价值的病案（特殊疾病、特殊人员），使用频率越高。保管好病案的目的是为了更好地利用。

保管好病案与病案排列系统、病案编号系统、病案示踪系统、病案借阅规定等有密切关系。没有最好的病案管理体系，合理就是最好的。应视各医院的条件、环境、病案流通量等诸因素决定采用某一管理体系。较为理想的保管病案体系是：单一编号＋尾号排列＋颜色标号＋条形码。

## 四、医院病案信息管理中的人员职责

第一，医院管理人员。选派适当的人员负责病案科工作，在人、财、物等方面给予合理的支持。监督、督促病案管理工作，协调病案科与全院的工作关系。

第二，医师。准确、完整、及时采集有关病人的健康信息及具有法律作用的签字文件，并详细记录诊断过程及结果。

第三，护士。负责护理记录的采集。协助管理形成过程中（在门诊或病房）的病案资料。

第四，医技人员。负责对病人检查、治疗过程及结果的记录，保证完整、准确地书写，并将结果及时传送指定地点、交给指定的人员。

第五，病案管理人员。收集、整理、加工、分类、统计、保管病案信息并提供病案信息的服务。

第六，病人。遵守医院有关病案的规定，提供真实、可靠的病情描述，爱护病案，不从医院拿走病案。

## 五、医院病案管理的质量控制

质量控制（简称质控）工作是病案科的一项重要工作，它通过查找质量缺陷，分析造成缺陷原因，最终达到弥补缺陷（提升服务效果、降低成本、增加效益等）的目的。病案质控包括病案管理质量与病案内容质量管理两部分。病案管理质控是指对病案管理工作的各个流程进行质量检查、评估，对病案本身的缺项检查也包括在管理质量控制范畴。

### （一）病案质量控制的重要性

第一，提高医疗质量，保障医疗水平。病案质量与医疗质量密切相关，病案服务质量关系到服务对象的满意度，进而会影响到医疗质量。例如：病案服务的及时性与否关系到医师对病人是否能够及时、正确采取医疗措施；准确的病案信息服务会影响到临床研究结果的完整性、可靠性；病案记录是其他医务人员对病人继续医疗的依据，它的质量更是医疗质量的保证。要想提高医疗质量，保障医疗水平，离不开高质量的病案，也不可忽略对病案质量的监控。

第二，基本医疗保险、商业保险的要求。随着医疗改革的深入以及国际保险业介入我国医疗市场的深入、扩大，基本医疗保险和商业保险的份额还会继续扩大。医疗保险的介入将增加对医疗活动合理性的监控力度。

### （二）影响病案管理质量的因素

第一，各级领导对病案管理事业的重视程度是病案管理质量的重要保障，对病案管理工作越重视、越投入，病案管理事业就越发达，重视程度与病案管理质量和事业发展成正比。

第二，医、护、技人员对病案资料的重视程度是病案管理工作的基础，把病案的资料与医疗摆在同等重要位置，不但写好病案，而且管好病案资料，爱护自己的工作成果，这样病案的内在和外在质量必然有保证。病案的保管是为了利用，病案出库后在医务人员的手中环节诸多，没有全院医务人员的配合，病案管理质量是一句空话。

第三，病案管理人员的整体素质（思想素质、道德素质、工作作风和敬业精神）是病案管理质量的关键。病案管理人员应培养正确的专业态度，掌握基本管理技能，思想要不断更新，知识也要不断更新，不断地学习和吸取其他医院的经验、国外的先进经验和技术，结合自己的实际工作，不断改进工作和管理方法，积极进取，总结管理经验，提高管理水平。

第四，现代化管理设备是病案管理质量的基本手段，如计算机、复印机、光盘、缩微、光卡、听打系统、电子病案等管理设备及技术的引入可以保证病案管理的现代化、科学化。

第五，严格的工作程序和严密的组织及健全的规章制度是病案管理质量的保证。

### （三）病案内容质量控制的使用方法

#### 1. 环节质量控制

环节质量控制应当建立在即时控制的基础上，即主治医师书写病历后要自我认真地检查，上级医师要负责任地、定时地检查下级医师的记录的合理性、及时性、合法性、完整性。每一个医师都是经过审批、具有执业资格的医师，对患者的医疗负有责任，对病历记录也负有责任。不应当认为质量控制是专职人员的事，一旦出现病历记录问题，主要责任人还是主治医师。

#### 2. 终末质量控制

终末质量控制主要是由专职的质控人员根据事先制定的标准检查病历的质量。在这一环节中，门诊部、医务处（科）和病案管理委员会都有必要定期参与监控，以获得第一手资料。

#### 3. 反馈与奖惩病案

质量的检查结果要及时反馈，反馈的方式可以是口头通知、书面通知、全院通报。反馈的目的是堵塞漏洞，教育病历书写者本人及他人，因此教育是核心。但是，要保持和稳定病案质量还需要有一个完整的激励机制。对于书写优秀的病案，应该在科务会和院周会上表扬，一贯书写优秀病案的医师应给予重奖。对于经常书写不合格病案的医师、护士和医技人员应给予处罚，要把病案质量与奖金、工资和晋升晋级挂钩。有一套完整的激励机制，才能激励先进、促进后进。

### 4. 同行质量检查

在基本医疗保险工作中，经常有医保部门派人来医院检查病案的质量。他们是代表付款方，对医院的医疗质量进行评估，评估内容包括：

（1）医疗的适当性和必要性。

（2）住院病人的医疗可否在门诊进行或者可否在不同类型的医院进行。

（3）住院和出院的医疗必要性、合理性、适当性。

（4）医院是否提供不适当的住院或出院信息，是否存在不适当地收住病人或不适当地让病人出院的行为。

（5）提供诊断、操作信息的合法性。

（6）提供医疗的完整性、充分性及质量情况。

（7）提供的医疗质量是否符合专业标准。

## 六、医院病案管理的发展趋势

我国医院病案管理发展迅速，并逐步向信息管理，向计算机化方向发展。今后病案管理的发展趋势是：

第一，广泛、深入地涉及医院经营管理。今后医院的管理者不一定是临床医师，而应当是具有一定医疗知识的经济师和专职的管理人员。医院之间存在竞争，这种竞争主要是服务质量的竞争。

病案信息可以提供丰富的管理信息，如医疗质量的优劣、病种费用的比较、医师水平的高低、医师工作量的多少、住院病种的情况等。聪明的管理者应当从长官意志管理和经验管理向科学管理转化，也就是要懂得利用病案信息进行医院的经营管理。

第二，病案管理向卫生信息管理方向发展。病案的作用已不仅局限于传统的医疗方面，它的作用已经得到扩展、延伸。原始病案资料在许多时候不能满足各方面的要求，因此需要对病案内的资料进行信息的加工和管理。目前，我国医院的病案信息加工基本上限于病案首页，这还只是初步的、基本的信息开发与管理。病案还存在丰富的信息有待开发。病案信息还可以与其他管理信息结合，产生更大的信息价值。

病案管理向卫生信息管理方向发展的具体表现是电子化病案。在当今时代环境下，病案必然要电子化。电子病案的概念绝不是一般地利用计算机的录入、输出功能。电子病案概念应当是无论病人在医院的任何专科治疗，都可以获得在医院各部门治疗的医疗信息：电子病案有警示系统，当出现不正常的化验报告时或药物配伍有禁忌时，计算机可以发出警告；电子病案系统还应当有电子资料库的支持，连接到一些电子图书、杂志资料库，当需要了解某种病的最新诊断、治疗方法时，可以获得参考资料，循证医学的方法可以直接引入病例治疗。

第三，对传统纸张病案及索引的电子化加工。在对新信息收集、加工和管理的同时，对以往保存的传统资料也有加工管理、快速传输的要求。因此，一些过去的记录还有待电子化，如病人姓名索引的计算机录入、纸张病案的影像扫描储存等。

第四，对专业人才在今后将有强烈需求。病案管理是基本管理，信息管理是高层管理。后者需要更高级的加工、管理手段和专业、知识、技能。信息管理离不开计算机技术，分类管理需要相关的知识，如基础医学知识、临床医学知识、流行病学知识及分类本身的规则等。

目前，人才培养主要还是依靠中等专业学校，大专教育才刚刚开始，这与现代化管理对人才的需求远远不足。当前，我国与发达国家的差距不仅是硬件上的差距，更主要的是人员的知识水平，也就是人员素质差距。教育是改变人员素质的最快途径，医院信息管理对高素质的人员将会有强烈的需求。

# 第三节　医院病理科档案管理

## 一、医院病理科的工作范围

病理学是医学科学中的基础学科之一，它是基础医学与临床医学之间的桥梁。病理科是我国医院主要科室之一，直接为临床服务，主要职责为对人体切取的组织和细胞等进行观察，以确定疾病的类型，为临床决定治疗方案、确定手术范围提供依据，从而提高临床诊断及处理水平。

第一，医疗方面的工作范围，内容包括：①临床各科送检的活检、手术标本及冰冻诊断；②脱落细胞学检查；③尸体解剖；④参加院内疑难病例会诊及死亡病例讨论；⑤院外切片会诊；⑥法医委托会诊。

第二，教学方面的工作范围，内容包括：①病理专题报告；②临床课中有关病理部分的授课；③召开临床病理讨论会；④培训本院各科年轻医师、研究生、外院进修的医技人员；⑤提供教学需用的大体标本、照片、幻灯片等；⑥储备材料供做手术前练习。

第三，科研方面的工作范围，内容包括：①本院病理资料的统计分析；②临床科研课题及研究生课题中有关病理及动物实验观察；③保存记录玻片、蜡块资料，编写病理诊断索引。

## 二、医院病理科质量的评估标准

### （一）衡量医院病理科诊断水平的评估标准

#### 1. 病理科细胞学检查的标准

（1）本年度平均每月收到标本件数和来源分类。

（2）与切片对照符合率及与临床诊断对照符合率。

（3）穿刺细胞学检查项目、件数及操作者；手术切片与临床诊断对照符合率。

（4）专职负责细胞学诊断的人数及职称。

#### 2. 病理科活体组织检查的标准

（1）本年度平均每月收到标本件数与各科送检的百分比。

（2）收到标本至发出报告时间及迟延原因的分析。

（3）冰冻切片诊断与石蜡切片的符合率（95%），送来标本到电话报告时间能否在半小时左右，能自切、自染、独立发报告的人数及职称。

（4）特殊标本取材、描写和决定保留标本照相，负责指导的人数及职称。

（5）误诊、漏诊、丢失、错号、漏切、漏描写的原因分析和处理方法记录。

（6）住院医师独立发报告的年限及考核标准。

（7）外院送检的标本件数与收费规定。

（8）每月需要请外院专家会诊件数，病名分析。

（9）具有诊断法定传染病能力的人数及职称。

### （二）衡量医院病理科技术水平的评估标准

技术员担负的工作占科内总工作量的比例以及对病理科质量的影响。

第一，由谁负责技术室领导工作，权限范围，专业工作的时间及职称。

第二，技术室（包括登记收发、切片制作、常规及特殊染色、免疫组化、细胞穿刺、尸检、标本、资料、库房等）总的要求应做到：①整洁有序；②消毒完善；③维修及时；④勤俭节约；⑤资料完整；⑥不出差错；⑦禁烟防火；⑧绝不因技术室原因而延误发报告。

第三，切片质量优良率达到85%的标准：①组织完整、薄厚均匀、平铺无折、无刀痕；②着色对比鲜明、背景清晰、透明度好；③封胶不溢，无气泡；④标签无误，字迹清楚。

第四，能开展特殊染色的种类名称，能否立即应用或需要请购试药再行配置。

第五，免疫组化染色能开展的项目、质量及可靠程度，占每月常规诊断的百分比。

第六，是否已将超微结构列入诊断方法中，本年度例数；医技人员中已掌握取材、送检、操作程序及描写诊断的人数与职称。

第七，能制作大体标本、黑白或彩色照片、显微镜照相、幻灯片及录像的人数与职称。

第八，将新技术、新方法、闭路电视和电脑操作实际应用于具体病例或科研协作中的人数与职称。

**（三）衡量医院病理科教学水平的评估标准**

衡量医院病理科教学水平，应有别于基础医学院病理系教学要求。重点应是明确概念、诊断依据，并能结合临床联系实际。

第一，病理学讲授的安排，内容包括：①能为医大、护校、卫校学生讲授病理课的人数、职称、内容、学时、效果；②能为研究生开高级病理课的人数、职称、题目、效果；③应邀外出讲课的人数、职称、题目、地点、机构名称。

第二，临床病理讨论的开展，内容包括：①年召开次数与之共同召开的科室与内容：病理部分主讲人的职称及效果；科主任参加次数及总结性发言的记录本，总结文章的底稿等。②未能及时召开的原因分析，病理方面的责任及解决方法。③本年度参加疑难病例、死亡讨论及医疗纠纷会议次数。

第三，教学资料的积累，内容包括：①病理诊断索引和相应切片；②尸检记录、大体标本、照相或幻灯片；③国内、国外专业论文及内部交流资料。

第四，医技业务水平的提高计划，内容包括：①本科医技人员各年龄段业务提高总设想；②每人的具体计划内容、落实程度、指导与检查的负责人。本科的中心任务与个人兴趣特长相结合的情况，可以实例说明；③本科定期业务学习次数、题目、主持人、参加人员，约请基层和挂钩医院参加的次数、人数及单位名称；④临床轮转、外语培训、仪器操作、专业定向的安排；⑤外出参加学术会议或培训班的规定。

第五，进修的安排，内容包括：①近五年来接受外院进修以及人员数目、来源、双方满意程度、回去以后信息交流情况；②接受本院临床各科室医技人员及研究生来请科主任回答、计划与辅导安排。

**（四）衡量医院病理科的科研水平评估标准**

病理科只有长期不断开展科研工作，才能提高自己的业务水平。而临床科室的科研工作，无论是结合临床还是实验室研究，都必须有病理科的参与协作。

**1. 近年来发表论文统计的评估**

（1）本科与临床科室或外院协作发表的论文或专著题目、期刊名称、出版社名称、卷页与年份、中文或外文。

（2）论文内容分析：实验性研究、病例分析、个案报告、文献综述、经验介绍、技术交流、临床病理讨论、译文等。在国外或国内期刊发表篇数，收录在会议论文汇编或内部交流资料中篇数。

（3）年内已发表、待发表、已送出、待完成的论文篇数、题目和期刊名称。

## 2. 正在进行科研工作的评估

（1）科研选题：①独立进行的理论性实验研究；②与临床协作结合实验室工作的研究；③总结病理诊断经验的研究和进展情况。

（2）病理方面的主要负责人、助手、职称及承担比例。

（3）经费来源和在该项研究中的使用情况。

（4）有关成果分享、署名前后、经济效益、专利或版权等有关协定或法律约束力。

## 3. 已毕业人员的评估

已毕业研究人员或正在培养的硕士、博士研究生人数，研究方向、进展情况、导师职称、代培或联合培养、毕业后流向。

### （五）衡量医院病理科管理水平的评估标准

科主任既是行政领导，又是学科带头人。因此，除检查其业务能力外，还要考核其管理水平，即工作能力应成为检查评比重点。

第一，本科各层次人员数目与编制人数比较，并逐一分析其最后学历，毕业后原在何处工作、性质、时间、调来原因；在本科工作年限、表现与其技术职称及职责范围是否相称；外语水平；是否曾到国外访问进修或短期参观开会。

第二，医院下发的规章制度、通知、文件是否齐全；是否做到人人均知并自觉遵守：科主任会议及早会内容是否及时传达；有无工作日志。

第三，科主任每月用在诊断、教学、科研、行政事务、外出开会等各项工作的时间，约占百分比。主任外出是否安排代理人，允许代行解决的权限范围。

第四，对梯队长远规划的设想：为保证后继有人，不致断档所采取的措施办法；自己对干部的业务能力、思想状况、家庭影响、群众关系等是否有充分了解；如拟向科领导方面培养时，尤其对其是否责任心强、乐于助人、工作细致、知识面广、业务、外语有一定水平，在本科工作时间不少于三年，以及有无出国定居倾向等，要认真考虑。

第五，本科经济效益、奖金分配比例及群众满意程度。

第六，对考勤考绩、清洁卫生、防火防盗、库房保管、奖金分配以及易燃易爆、剧毒药品管理等有无专人负责，可与相应有关人员会谈，了解其负责程度及工作上有无困难。

第七，库房有无积压及待处理物资。对大型进口贵重仪器长期未能开箱使用原因分析：型号不对、机型设计过时、试剂未到、零配件不全或不会组装，房屋不够或人员待培训，谁应负主要责任。

上述诊断水平、技术水平、教学水平及科研水平的评价，可采取事先填表、实际考查方式，同时征求本院其他医技及临床科室意见综合得出。管理水平的评价除采取以上措施外，还应请科主任回答问题：①本科的优势和劣势是什么，学科建设处于国内和国际的什么水平。②本科可进行国际学术交流的人数，与国外学者联系情况；科内已到国外进修、学习人员的情况。如何体现重视跨世纪青年学术带头人的培养，如何创造青年人才脱颖而出的环境和条件。③当前世界上病理领域的新技术、新进展是什么，本科工作设想。④如何提高科研能力和水平。

### 三、医院标本取材与送检

#### （一）标本取材的标准化

病理最终诊断的可靠性取决于从采集标本到发出报告的整个过程，任何一个环节的失误都可能导致错误的诊断，病理切片的制作过程需要经过十几道程序。因此，责任心和技术能力是很重要的，病理描述取材虽然简单但在诊断中却有重要意义。

已发表的专著和文章对标本的大体观察及镜下形态描述涉及较多，但对标本的取材规范化提及很少。我们在会诊病例中经常遇到取材不规范的现象。目前，国内一些医院病理科为了节约开支，取材较少，这样会直接损害患者的利益，影响诊断和治疗，故取材规范化非常重要。

#### （二）送检标本的注意事项

#### 1. 病理检查报告的规范用语

（1）病理报告书写应字迹清楚、规范，须经认真核实无误后再签名。

（2）按照最新国际通用的病理分类命名的中文全称书写。

（3）不使用简称或英文缩写。

（4）对新发现的罕见病，或以人名命名的疾病，应注明原文写法或文献出处。

（5）对诊断起决定性作用的特殊技术，如免疫组化、超微结构等结果，可简要注明。可以提出建议"进一步检查"，但不能涉及治疗。请专家会诊应注明。

（6）不能肯定诊断可用"考虑""疑为""不能排除"等描述。缺少典型特异病变但不能否定临床诊断时，可注明"符合"，请结合临床。

（7）病理报告是诊断性报告，不必描述与诊断无关的形态结构。

（8）如以前曾在本院或外院做过有关的病理检查，应注明对比检查结果。

### 2. 送检活体组织检查的规定

（1）凡在本院手术切除、钳取、穿刺的标本均应送病理科检查。

（2）标本采取时要避免机械性夹挤，手指揉捏，尽快加固定液后送检，不能在空气中暴露过久。

（3）固定液采用 10% 甲醛溶液，不能用酒精、生理盐水代替，亦不能放入冰箱保存。瓶口宜大以避免将标本强行塞入，标本上可以覆盖棉花，但不能用纱布覆盖，固定液量以能将标本完全盖过为宜。

（4）送检单项目应填写无误，手术所见、标本来源、左右位置及术中诊断意见尤应填写清楚。

（5）病理报告可在接到标本后 3 天发出，但遇到个别情况可后延。如：标本须脱钙处理，再切片；须重切复染，加做免疫组化、特殊染色等；须保留标本作教学科研资料；须请专家会诊时。

（6）临床医师对诊断有不同意见，应在接到正式报告后及时提出，如非教学科研需要，标本将在报告发出一个月后处理。

### 3. 送检冰冻切片的规定

（1）冰冻切片应在手术前一天通知病理科。

（2）冰冻标本必须新鲜立即送检。

（3）送检单应与冰冻标本同时送到病理科，并注明手术所见取材部位及手术诊断。

（4）碎渣、液体、坏死物、脂肪、骨及钙化组织均不适宜冰冻。

（5）冰冻结果以电话或对讲机口头通知术者。活检结果可以作为临床诊断确诊依据。冰冻切片可以作为决定手术范围参考，但正式确定诊断仍以石蜡切片为准。

### 4. 送检脱落细胞学检查的规定

（1）脱落细胞学检查主要包括痰、尿、胸水、腹水、乳头溢液以及肿物穿刺、宫颈及阴道涂片等。

（2）必须使用病理科送检单，不能用检验科化验条替代。有关标本来源、临床诊断及重要的检查均应填写清楚。

（3）送检脱落细胞标本，总的原则是标本采集后尽快送到病理科，容器应清洁无污物，不能加固定液，放入冰箱或久置过夜均不适于检查。

（4）痰应为晨起洗漱后第二口痰，不可将唾液鼻涕混入，血痰例外。胸腹水抽取后送检 500 毫升为宜。尿也应为刚排出者，不能放置过久，并应注明是否导尿。乳头溢液、胃冲洗液及食管拉网一般由临床医师或细胞学室涂片送检。肿物穿刺物少许液体可以涂片送检,如有小块组织可加 10% 甲醛溶液固定后,送做活体检查。

(5) 涂片检查可在 3 日内发报告。脱落细胞学不能显示病变组织结构,只能确定细胞的良性恶性,必须进一步活检确诊,单独细胞学诊断不能作为手术依据。

### 5. 送检尸体解剖的规定

(1) 凡在本院死亡病例,均应尽力争取尸体解剖,不能争取全部时亦可争取部分解剖。

(2) 尸检必须由家属或单位负责人同意(病理科备有专用同意尸检单)。病人遗嘱或家属提出自愿捐献遗体时,必须澄清是做尸体解剖或只是为送大学生实习捐献遗体,如为后者必须由医务部门与相关单位联系,并非病理科工作范围。

(3) 尸检请求单必须填写清楚,尤其是主要疾病及死亡前病情变化、有无特殊要求等。

(4) 尸检日期由病理科决定,但应与临床争取尸检医师取得联系,要求临场观察,提供临床资料以期澄清疑问,这样双方均可提高水平互相促进。

(5) 死因不明的急诊病例,或有他杀被害可能出现法律纠纷时,应由家属报请公安部门由法医解剖,病理科可协助。

(6) 尸检时本院医务人员及学员均可参观提问,但非正式结果不应向外界随意传告。

(7) 正式报告可于一个月内发出,确定诊断以此为准。家属或机关负责人提问,统一由负责临床医师解答,谈话内容应事先与病理科联系,取得一致意见。

### 6. 送检实验动物的有关规定

(1) 病理科接受各临床科室或研究生送检的实验动物形态学观察,凡未经病理科主任同意私自找病理科技术员联系制片涂片,对其质量结论后果概不负责。

(2) 必须由执行科研计划的医师介绍研究内容、预期时间、要求病理科协助目的,再由科主任指派病理科主治医师及主管技师负责保证完成。

(3) 有关处死动物、取材方法、特殊要求及污物处理均须双方预先商定。切片制成后尽快进行镜下描写、讨论,可代照相和制作幻灯片。

(4) 病理结果起重要作用,或描写讨论比例较大的论文,在上报或公开发表前必须经病理科同意,有关署名、获奖问题事前应解决。病理科在此方面不是主导,只处在协助地位。

承担实验动物的病理观察,对病理科日常工作来说并非轻而易举,因为:①实验动物品种纯系要求严格,解剖组织学与人并不相同,病理学家必须具有此方面知识;②实验动物脏器进行脱水浸蜡时间不能与人体活检共用一套程序;③实验动物常为同一脏器大量成批送检,切片制成后很少只做常规 HE 染色,病理科必须由专人查对,并预作重切特染准备工作,用的是病理科器材、试剂及技术力量,但没有用科研经费,作为劳务补偿。由此看来科研处、研究生导师及病理科领导之间协调合作，还应进一步加强。

# 第四节　医院人力资源档案管理

人力资源管理发展的核心是引入竞争机制，发展目的是建立与市场经济体制相适应的、符合卫生工作特点的人力资源管理体制和运行机制。

## 一、医院人才的来源与流出类型

### （一）医院人才的来源

医院人才流入是指在医院人才流动过程中，对人才空缺职位进行及时有效的补充。这是医院得以快速发展的必要条件，在医院人才流动管理中占有重要地位。医院人才的来源主要有：①在职人才的工作调动；②医药院校应届毕业生；③留学回国人员；④社会富余待业的技术人员；⑤离退休的技术人员。其中医药院校应届毕业生是医院补充人才的主渠道。

留学回国人员是医院补充高级人才的重要来源之一，留学人员是国家重要的人才资源，为吸引留学人员回国服务，国家为留学人员回国创业提供了一系列的优惠政策。作为医院的管理者应充分利用国家的优惠政策，采取灵活多样的方式吸引留学人员，为留学回国人员营造良好的内外环境，搭建创业舞台；也可采取技术合作等方式，借助留学人员的智慧，提升医院的医疗水平和科研管理水平。

离退休的技术人员由于技术较全面、稳定，使用成本低，基本上不需要培训即可进入工作状态，如果工作需要，对离退休技术人员的使用和开发，也是人才使用的一个途径。

### （二）医院人才流出的类型

#### 1. 自愿流出

自愿流出主要包括工作调动、出国、退职、辞职、升学深造等。自愿流出的主动权在个人。自愿流出一般比较突然，流出前比较保密，个人经过慎重考虑后会突然提出申请，院方往往措手不及。这种突发性的人才流出，有时会影响到一个学科的整体发展，对医院来说是一种人才资源的损耗。

根据流出人数的不同可分为个体流出和团队流出。个体流出是指人才的单个离职；团队流出是指医院的某个学科或某个工作小组的人员集体离职。团队流出是市场经济发育期出现的一种偏离于人才市场正常运作的人才流动方式。团队流出对一个医院的组织体系或学科发展可能产生毁灭性的打击。对医院的管理者来说，要建立完善的人才流动预替系统，及时了解掌握人才流动的新动向，有效防范人才流出，尤其是团队流出。

## 2. 非自愿流出

非自愿流出主要包括离退休、辞退、解聘等形式。非自愿流出的主动权在医院。合理的非自愿流出有利于医院调整人才结构，对医院的发展是有益的。

## 二、医院人才流动的意义与形式

医院是一个由多种人才有机组成的团队，这个团队主要包括：医学人才、药学人才、护理人才、医技人才、卫生科研人才、卫生教育人才、卫生管理人才以及后勤管理中的财会人才、工程技术人才和各类技能型人才等。

医院人才流动①是指在现有医疗机构中工作的各类人才为实现自身价值，最大化地发挥自身潜能，根据卫生事业发展和卫生人才市场的需求状况，依据自身条件，对行业内或行业外的职业和岗位进行选择与再选择的一种社会现象。

### （一）医院人才流动的主要意义

第一，医院人才流动是卫生体制进一步发展的必然结果。随着我国经济持续稳步地增长，计划经济时期的医疗服务已不能适应和满足人民群众不断增长的卫生需求，必须对医疗卫生体制进行全面的改革。医疗卫生进一步发展的重要内容之一就是用人制度的进一步发展。

第二，医院人才流动是社会主义市场经济发展的需要。市场经济的发展，要求人、财、物的有机结合，要求人才与生产资料、人与事的合理配置。经济体制的改革，要求医疗卫生进一步发展必须与经济建设和社会发展相适应。随着医疗卫生事业进一步发展，适合不同医疗消费水平的医疗机构相继出现，客观上需要卫生人才在地域、行业、部门和不同所有制医院之间流动。搞活医院人才流动，使卫生人才分布与经济发展战略相适应，是经济发展和卫生改革的内在要求。

第三，医院人才流动是合理使用和充分发挥各类人才作用的重要条件。医院通过制定各种人才流动办法，使人才的择业自主权得以实现，也是落实知识分子政策的重要内容。通过人才流动，可以使人才找到适合自己专长和特点的最佳岗位，有利于调动医院各类人才的积极性和创造性，充分发挥自己的潜能和实现自身价值。

第四，医院人才流动是医院干部人事制度改革的重要内容。引进竞争机制，改变单

---

① 人才流动是指人才根据经济和社会发展需要及本人工作兴趣、特长等，主动地从一个地域、单位或部门转移到另一个地域、单位或部门，人才的行政隶属关系或工作场所、服务对象发生变化的一种社会现象。

一的委任制，坚持"公开、公平、公正、竞争、择优"的原则，对现有领导岗位和新增领导岗位逐步采用竞聘上岗的方式聘用干部，破除传统选拔任用模式，鼓励干部的引进、交流。通过整合各种先进的医院管理理念、技术和方法，努力营造唯才是举的尊重知识、尊重人才的氛围，使医院各级领导班子充满生机和活力。

第五，医院人才流动是调整人才结构和分布的重要手段。最有效的办法就是让人才流动起来，使不同地区、不同医院、不同专业、不同学术风格的人才互相交流，取长补短，兼收并蓄，各得其所，逐步消除不合理的人才结构和人才分布。

### （二）医院人才流动的主要形式

人才流动是指人才通过一定的方式进行流动，具体流动形式有以下几种：

第一，正常调动。正常调动一般指"动编"调动。凡是在有调配权的全民所有制医院之间流动的人员，须由本人提出申请，经单位同意后，方可办理调动手续。没有调配权的，按管理权限和程序进行办理。

第二，招聘。招聘是指医院人事部门有组织、有计划地通过刊登启事、发布广告、参加人才交流会等形式，聘用本医院所急需的人才。招聘的主动权在医院一方。

第三，应聘。应聘的主体是个人，它是指个人根据自身条件和招聘要求，自愿报名，接受考核，最终决定是否接受聘请担任某一职务的意向行为。

第四，借调。借调是指一方医院因工作任务或技术需要，经与有关单位协商，同意短期使用对方单位的人才。借调不改变被借用人才的隶属关系，借调期限、待遇、相关管理工作由双方单位商定。

第五，兼职、离休、退休和退职。

第六，辞职。辞职是一种个人行为，主动权在个人。辞职包含辞现职和辞公职两层含义。辞现职是指辞去所担任的领导职务，但不脱离原单位，仍属在编人员。辞公职是指不继续在原单位供职，脱离工作关系，终止原有权利、义务和待遇。

第七，辞退。辞退亦称解职、责令退职，是单位的一项权利，主动权在单位。它是指因法定事由，经法定程序，单位主动解除与职工的关系。辞退职工须按人事管理权限，经单位领导集体讨论决定后，办理辞退手续，发给本人《辞退证明书》，并按有关标准发给一次性辞退费。档案转本人户口所在地街道办事处。辞退后，不再列为在编人员，并从此解除与原单位的一切关系。

### 三、医院人才兼职的作用、类型与形式

医院人才的智力流动是指医院的各类人才在完成本职工作的前提下，或由于工作需要，根据组织安排，利用自己的智慧和创造性劳动在卫生行业或相关行业从事技术开发、

技术转让、技术咨询和技术服务等工作。人才的智力流动是一种非动编流动，一般是通过医院开展有组织的对口支援或通过本人业余兼职等形式进行的。

### （一）医院人才兼职的作用

第一，有助于缓解高级专业人才分布不合理的矛盾，解决中小医院、边远医院尤其是新建医院的人才培养和技术问题，有助于提高中小、边远医院的医疗水平。

第二，有助于加强科研与临床的结合，促进新知识和新技术的推广。

第三，有助于调动人才的工作积极性和创造性，充分体现知识的价值。

### （二）医院人才兼职的类型

第一，技术咨询性兼职。一般是根据咨询单位的需要，由医院相关专业具有较高技术职务的人员，通过电话答疑或到咨询单位进行现场技术指导提供解决问题的具体方案。

第二，知识传授性兼职。知识传授性兼职是指医院的高级人才根据其他有关医疗单位的要求，到对方单位开展讲学，进行技术培训，传授新技术、新方法的活动。

第三，顾问指导性兼职。顾问指导性兼职主要是医院的高级专家或某一学科的权威人士对相关专业的某项研究成果进行论证或进行技术性的评估鉴定。

### （三）医院人才兼职的形式

第一，无组织的个人行为。人才主要通过私人关系介绍兼职单位，或由兼职单位专门聘请。这种兼职一般是实用开发性的或知识传播性的，也有开展手术、门诊、查房等高级技术服务的。兼职活动比较保密，不动用原单位的技术设备。主要去向是一些技术水平较低或有特殊需求的基层医院或诊所等。

第二，有组织的单位行为。这种兼职活动是一种单位行为，可充分利用医院的人才优势和技术设备，进行综合开发、技术承包、技术攻关和技术合作。

第三，通过中介机构介绍的行为。这种兼职的最大优点是信息量大，可供选择的余地大，有利于维护兼职者和兼职单位的利益。

## 四、医院人才内部流动管理

### （一）医院人才内部流动的意义

第一，医院人才的内部流动是最经济的流动。相对外部人才流动来说，具有较低的招聘成本。

第二，医院人才的内部流动具有较高的成功率。由于双方知己知彼，因此，流动的成功率较外部流动要高。

第三，医院人才的内部流动能激励人才，充分调动人才的工作积极性和创造性，人才能尽快进入工作状态，投入工作。

第四，医院人才的内部流动与从外部新录用的人才相比，对医院较忠诚、较稳定，流动性小。

### （二）医院人才内部流动的形式

第一，职务晋升。职务晋升是指将人才从原有职位提升到更高的职位上。当医院某个职位出现空缺时，首先通过院内张榜公布招聘信息，然后按程序和要求进行公开选拔。职务晋升可以调动医院人才的工作积极性，增加人才的稳定性。

第二，岗位轮换。岗位轮换是指人才按规定在某一个工作岗位任职期满后调整到另一个工作岗位。岗位轮换有助于扩展人才的知识面和提高工作经验，增强工作适应能力。

第三，平级调动。平级调动是指人才在同一级别的职位之间的调动。平级调动也有激励的作用，可以丰富个人的工作内容，使人才充分挖掘个人的潜能，从事更有兴趣的工作，获得更大的满足感。

## 五、医院人才队伍的稳定策略

### （一）人才流动稳定性

卫生人才是大人才队伍中的一个分支，同样具有人才流动的属性。根据人才数量、分布和余缺情况，按照人尽其才的原则，促进人才在各医院间流动，可以使人才数量和结构更加符合医院发展需要，使卫生人力资源得到更为合理有效的利用，同时也能更好地发挥人才的工作积极性和创造性。

由于卫生行业的特点，卫生人才不仅要具备扎实的医学理论知识，而且还要具备熟练的操作技能。对卫生人才来说，需要一个熟悉环境和积累经验的过程，过频、过快的人才流动既不利于卫生人才的培养，也不利于医院医疗水平的提高。因此，医院的人才流动必须在人才队伍相对稳定的前提下合理进行，只有这样才能保证医院人才队伍的健康发展。

### （二）人才队伍的稳定策略

#### 1. 树立医院人才管理的新理念

（1）人才社会所有观念。随着经济社会的发展，作为医院的管理者在人才的选拔、录用和使用上要按照市场规律进行合理调配和管理。加强医院之间、医院与国外同行之间的智力交流，扩大兼职高级卫生人才和客座教授的范围和人数，充分利用和开发院外卫生人才资源。

（2）以人为本的观念。传统的人事管理只注重对事的管理，忽视了人是生产力中最重要的因素。现代人事管理则强调对人才的培养和开发，把人才看作是一种可开发性资源、一种增值性资源，需要不断地投入与提升，才能保持其自身的价值，并通过有效开发，实现资本增值。

研究探索以人为本的管理方式，对充分调动医院各类人才的工作积极性和创造性具有重要的意义。在人才管理过程中，管理者要想方设法培养员工的主人翁意识，并根据不同科室、不同岗位、不同对象采取不同的方法。

### 2. 建立人才的新分配制度

生存需要是人们的最基本需要，而经济是基础，要留住人才首先要打破传统的分配制度，建立全新的分配体制，充分发挥工资的激励作用。

医院的管理者必须把培养职业化的卫生管理干部列入重要议事日程。培养一批专职卫生管理干部，保证医院管理干部和业务干部各负其责。同时，将医院人才队伍建设指标作为考核管理干部的重要内容，使人才队伍建设步入健康的发展轨道。

### 3. 推行走动式管理模式

走动式管理是指管理者不在固定的地方办公，没有固定的办公场所，在有效的工作时间内深入单位的各个部门、各个岗位走走、看看、听听、问问，对一线出现的问题及时协调解决。走动式管理能克服官僚主义，建立有效沟通，提高办事效率，解决实际问题。

### 4. 建立人才流动预警系统

随着我国经济的快速发展，建立人才流动预警系统，加强人才安全管理，显得越来越迫切。作为医院的主要管理者，应将人才安全问题列为工作的重点，制定必要的管理措施，保证科室与医院有关职能部门及时有效地沟通，使医院主管领导能及时掌握医院人才的思想动态和工作动态，有效遏制人才的流失，最大限度地减少医院因人才流失而带来的损失。

### 5. 采取综合措施

现代人事管理注重对"进口"的管理，医院补充人才，首先要在科学定编、定岗的基础上，根据岗位人员空缺情况，提出人才需求计划，制定规范的岗位说明书，选择招聘渠道，成立招聘小组，面向社会招聘，并按新的人才管理模式，与被聘用者履行聘用手续，委托社会人才中介机构进行人事代理。

在正式上岗前要进行岗前培训，介绍单位的发展史及今后的发展方向和目标、有关的规章制度和单位的文化建设等；培训结束后，用人科室要举行简短的欢迎仪式，主持人要将新员工介绍给大家，同时勉励大家互相支持、互相帮助。"进口"的每一个细小环节都体现着医院的文化建设，能给新员工留下难忘的印象，同时也影响着新员工今后的发展。

医院除了要有一个优秀的最高管理层外，还需要有一支能与高层管理者同心同德、具有开拓创新精神的中层管理队伍。加薪对留住关键岗位的人才固然重要，但对部分骨干人才而言，加薪未必就是上策，借鉴成功经验来看，应着重从以下方面着手：

（1）进行科室再设计，为骨干人才提供宽松的外部环境。医院可以根据自身情况对科室进行再设计，通过科室的再设计来调动骨干人才的工作积极性和创造性。

（2）提高骨干人才的福利待遇。适时为骨干人才提供国内外培训和进修的机会；优先提拔、使用骨干人才；设立"荣誉"专家基金，对达到规定服务年限和取得突出成绩的骨干人才授予"荣誉"专家称号，晋升院内工资；组织免费度假；每年免费体检；为骨干人才购买高额保险并为其子女（18岁以下）每月补贴一定数额的教育经费等都不失为良策。

（3）适时进行岗位轮换。根据医院的发展，对一些重要岗位和新岗位优先调用适宜人才，使其充分发挥才干并感受到组织的信任和重用。

（4）对于重大问题，充分听取骨干人才的意见，让骨干人才真正感觉到自己是医院的主人。

（5）医院主要领导要放下架子，建立有效沟通，不定期地走访骨干人才，与其谈心，解决其生活和工作中遇到的实际问题，拉近与骨干人才的距离。

### 6.优先选拔现有人才，建立人才储备库

医院在选拔人才的过程中，要坚持内拔外引的原则，优先选拔使用现有人才，在此基础上吸纳优秀外部人才。在人才使用上，坚持待遇内外一致的原则，采取有效措施构筑新老人才利益共同体，形成"一荣俱荣，一损俱损"的机制，使新老人才能够有效地融合到一起。

面对激烈的人才竞争，医院人力资源管理部门首先要有人才储备的意识，充分利用开会、出国等机会，猎取各学科合适人选。并可以采取借调、兼职、聘请客座教授等形式，与其建立密切联系和合作，一旦医院出现人才跳槽情况时，可解燃眉之急。

### 7.顺应时代发展

营造良好的医院文化氛围，可以增强团队的凝聚力和向心力，培养员工积极向上的工作作风，促进医院的整体发展；建立公平的业绩评估体系，要设置既切实可行又富有挑战性的工作目标；客观公正地评价工作业绩，这是调动人才积极性的前提和基础。

医院通过有效整合、联盟，不仅可以扩大医院的规模，提高规模经济效益及分散风险，而且还可以提高人、财、物等资源的利用率。在人才资源管理方面，整合后的医院可以

实现人才资源共享，卫生专业人才可以充分施展自己的才华，实现自身价值。医院进行收购合并及策略性联盟是一种全新的医院管理模式，医院在改革中可以根据本单位情况，灵活运用。

总之，医院人才队伍的稳定是一项复杂的、长期性的工作。医院应根据自身的发展状况，适时改进用人制度和分配制度，不断探索稳定医院人才队伍的有效途径和方法。

## 六、医院人事档案管理的改进对策

### （一）加强人事档案的管理力度

第一，对医院人事档案进行合理的分析，与病案档案相关联。人事档案管理在医院档案管理中有着重要的作用，将病案档案与人事档案进行结合运用能够将人事档案整理之后再录入同一个档案管理系统中。这样在对病案档案进行调用的时候，可以根据人事档案的相关资料进行综合分析，从而更快获取想要的信息数据。此外，人事档案还可以跟医院的其他档案资料进行综合管理，以特色化的分类方式将人事档案的作用充分发挥出来。

第二，要做好医院人事档案管理的优化配置，并全面提高医院档案管理的数字化水平。医院需要顺应时代发展的趋势，加强在信息技术方面的投入，并将信息化建设当作医院日常管理工作。目前多数医院已经全面推动了自身的信息化建设，信息化系统也在医院中得到了广泛的应用。因此医院的人事档案管理工作也需要进行信息化改革，对人事档案进行数字化处理，并优化数字化设备的配置，提高医院人事档案管理的质量与水平、增加资金投入、优化资源配置。

第三，简化医院人事档案管理程序，通过构建专门的信息数据库，对程序进行简化管理。将一些传统的人工管理流程由信息化档案管理程序所取代。建立规范的数据库来对医院人事档案信息进行管理，能够在规范的管理制度下，将人事档案整理工作通过信息系统来完成，这样既能够减少医院人力资源的支出，还能够避免出现因主观意识过强或其他人为因素而造成人事档案资料出现误差的情况。在构建数据资料库的时候需要根据医院的特色来进行，结合医院的诊疗重心来建立专业的数据资源库，将医院的发展特色与医务人员的特长相结合，从而充分发挥医务人员的专长。

### （二）注重人事档案的质量

第一，医院人事档案的内容是需要多样化的。在对医院人事档案内容进行收集的过程中，档案管理人员需要注重资料收集的多元化，尽可能丰富人事档案的展现形式，可以将医务人员的个人典型事例、科研成果、优秀案例等均收录到个人人事档案之中，既丰富了人事档案的内容，还为医务人员树立了更加立体的形象。

注重人事档案的内容和质量可以以人事档案的表现形式为切入点。在传统的人事档案管理工作中，主要是以纸质文件来记录人事资料，但随着科技的发展与进步，信息逐渐变得数字化，在人事档案管理期间，不能只关注纸质档案的收集工作，还需要对图片、视频等资料进行收集。

第二，在医院长期发展过程中，要意识到人事档案的作用。院管理层需要转变自身的管理观念，充分认识到人事档案管理工作对医院发展的服务性，并将人事档案的利用纳入人力资源开发计划中，与人才的引进、晋升、薪资福利等方面挂钩。这样能够让档案管理人员重视对人事档案的利用情况。另外，还需要加强对医院人事档案的管理工作，避免出现档案资料造假、档案遭到损毁的现象。虽然现阶段医院的人事档案管理工作还存在着一些问题，但是随着科技的进步与医院管理理念的更新，人事档案管理的受重视程度会不断得到提升。

### （三）加强人事档案的动态管理机制

在提高医院人事档案管理水平的过程中，需要建立人事档案的动态管理机制，要求档案管理人员能够定期收集并更新人事档案信息。对于医院工作人员的业务能力、学习成果、工作完成情况、考核情况等进行详细的了解并及时更新录入资料，这样才能够为医院人才的录用、晋升等提供真实的信息，还能够在一定程度上调动医务人员的工作积极性，从而推动医院各项工作的顺利开展。随着市场经济快速发展，对人力资源的管理水平在一定程度上能够体现出医院的竞争力与管理水平。因此需要加强对医院人事档案管理工作的重视，积极创新管理工作理念，提高人事档案管理水平，进一步为医院的可持续发展提供助力。

### （四）构建完善的人事档案管理规章制度

为了全面提高医院人事档案管理水平，需要建立完善的管理制度，从而构建规范化的人事档案管理模式。基于此，医院需要借鉴国内外医院管理的制度，并结合自身医院的发展情况来制定完善的人事档案管理制度。其中应包含人事档案的送交归档、人事档案资料的补充和搜集、查阅等制度，这样才能够让医院人事档案管理制度步入正轨，并进行规范化的管理，有效保证医院人事档案的安全性与机密性。

此外，还需要建立档案资料认证制度，以这样的方式来避免档案内容填写不真实的情况发生，为医务人员的档案内容提供真实的依据。并且在对人事档案进行归档的时候，要核查资料内容的真实性，对内容的合法性进行鉴别，在确认无误之后再归入医务人员的个人档案之中，从而全面保障医院人事档案材料的真实性与有效性，在提高医院人事档案管理水平的同时也为医院的可持续发展奠定良好的基础。

# 第四章　医院档案管理的内容范畴(二)

## 第一节　医院临床实验室档案管理

### 一、临床实验室的作用与功能

实验室应以采用对患者伤害最小的方式，及时、准确地提供临床所需的诊断和治疗信息为服务宗旨。实验室的最终服务对象是患者，直接服务对象是临床医师。医院的实验室服务通常包括临床病理和解剖病理两种形式，临床病理等同于我国的检验科工作，解剖病理即指医院病理科的工作。

实验室的作用体现在利用必要的实验室技术在建立或确认对疾病的诊断、筛查，监测疾病的发展过程和观察病人对治疗的反应等方面提供参谋作用。

第一，诊断方面。医师可以根据检验结果并结合病人的症状、体征和其他物理学检查对患者所患疾病进行诊断。另外，检验结果虽不能直接对病因进行诊断，但可以建立初步诊断以帮助治疗，如对不明原因低血糖症的诊断。

第二，治疗方面。检验结果可用于追踪疾病发展过程，监测治疗效果，指导治疗用药。同时监测治疗可能引发的并发症，如监测使用利尿剂治疗心衰时可能出现的低钾血症。

第三，筛查方面。医院对健康人群如献血员、从事餐饮业工作人员及新生儿相关疾病的筛查；也可对处于已知危险人群如表面抗原携带者的亲属进行乙肝项目的筛查、对有心血管病家族史成员进行血脂的检查。

第四，预后方面。检验结果也可提供预后信息，如血清肌酐水平可以提示患者的预后以及何时需要进行透析治疗。临床实验室的功能为在受控的情况下，以科学的方式收集、处理、分析血液、体液和其他组织标本并将结果提供给申请者，以便其采取进一步的措施，同时实验室应提供对诊断和治疗有益的参考信息。

临床实验室的检验质量不仅仅是购置先进的仪器设备就可以解决的，建立完整的质量体系才是实验室作用和功能得以充分体现的根本保证。

## 二、临床实验室的管理内容

### （一）实验室管理的条件

#### 1. 实验室的工作目标

实验室的工作目标是以经济的和对患者伤害最小的方式，提供有效、及时、准确的检验信息，满足临床医师对患者在疾病预防、诊断、治疗方面的需求。当然，不同实验室的工作目标也可有所不同。

目标确定以后，实验室应进一步确定分目标以保证总目标的实现，这些分目标应紧紧围绕总目标而制定，如检验质量水平的分目标、检验周转时间的分目标、营利水平的分目标、检验覆盖水平的分目标等。总目标是长远计划，分目标为近期计划。

#### 2. 管理者[①] 具备的权力

要实现实验室设定的目标，实验室管理者必须具有相应的权力，如实验室内部组织结构的设定权、人事安排权、财务分配权等。医院领导只有授予实验室管理者这样的权力，才能保证实验室管理者在实验室中的领导地位和权威，有利于实验室工作目标的实现，有利于医院工作总目标的实现。

#### 3. 个人工作岗位描述和工作目标

实验室管理者应该有效整合实验室工作目标和个人工作目标，每个岗位的工作内容都应该围绕完成实验室的总体工作目标而设定。因此，要对每一个工作岗位包括领导岗位进行详细描述并明确其职责，同时明确专业组之间、工作人员之间的关系。切忌一个工作岗位受多人领导的情况，对每个岗位的工作描述最好能有量化指标，这样便于了解和评价工作人员的具体表现。

#### 4. 评估与改进实验室

应定期（通常为半年或一年）对其工作情况进行评估，这种评估要紧密结合实验室制定的目标是否能够实现、实验室在资源的整合上是否存在缺陷、实验室工作人员是否能够达到该岗位的需求等开展。评估的结果主要是为了改正工作中存在的不足，促进工作目标的顺利实现。

---

① 管理者是指在一定组织中担负着对整个组织及其成员的工作进行决策筹划、组织和控制等职责的人。

### （二）实验室中人员工作

#### 1. 管理者的重要性

管理者在管理活动中起着决定性的作用，实验室管理者的能力主要是指组织、指挥能力，技术、业务能力，影响、号召能力。实验室管理者要在管理活动中有效地发挥作用必须拥有一定的权力和能力，实验室管理者的权力通常是通过医院领导任命和授权取得的，但我们不应忽略实验室管理者本人的威信和声望所获得的影响力也是权力的一个重要组成部分。

设计每一个检验项目的工作流程，组织实验所需资金和设备等资源，提供检验结果和服务，努力满足医生、患者和医院领导的需求是实验室管理者必须掌握的技能。医院领导和实验室负责人一定要认识到组织管理工作对实验室的重要性。中华医院管理学会临床检验管理专业委员会也应组织相应的培训，帮助实验室管理者尽快提高自己的管理水平。

实验室要想取得成功，就必须由具有领导和管理才能的人员承担起实验室的管理工作。实验室管理者要有清晰的管理思路和工作方式，就须拥有敏锐的洞察力，善于发现检验技术的发展方向，接受过良好的教育并具备相应的管理能力，有良好的身体条件，精力充沛，反应敏捷，思路开阔，勇于开拓，愿意承担责任，有从事检验工作的知识、经验和教训，对经营、财务管理等专业知识有一定的了解。

#### 2. 管理人员工作

现今的医疗环境要求实验室的工作应具有有效性、准确性、时效性、经济性和安全性，而实验室的检验项目、检验技术、分析仪器、实验人员等总是处在不断的变化之中，这就对实验室管理提出了更高的要求。

（1）在与医院领导、临床科室及医院有关部门商议后，明确实验室能够提供的检验服务和水平。

（2）配备足够的设备和人员等资源满足医师、患者等实验室用户的需求。

（3）实验室工作人员必须接受过专业和管理的双重教育和培训教育并达到国家规定的相应资格要求。

（4）建立实验室质量保证体系，制定实验室管理文件，定期审核和修订以保证质量体系的正常运转和不断改善。

（5）对实验室的收入和支出应实行有效的管理和控制。

（6）积极参加临床实验室认可活动，从管理和技术两方面对实验过程实施从分析前、分析中到分析后的全面质量控制。

（7）建立实验室内部和外部的沟通制度，沟通必须是双向的和开放的。

（8）实验室应有发展规划，要对实验室有明确的定位、未来希望达到的目标以及在现有的环境下通过采取什么样的措施才能达到这个目标。制定短期应达到的分目标应是整个战略发展规划的一部分。

（9）检验结果必须以准确、完整、易于理解的方式迅速送达医生等用户手中。

（10）实验室有责任就检验报告为临床医生提供科学的解释和参考意见。

### （三）临床实验室的管理过程

实验室管理是整合和协调实验室资源以达到既定目标的过程。管理过程通常由计划、组织、领导和控制四个阶段组成。计划阶段主要指确立实验室工作目标，实行目标管理；组织阶段则是指对实验室内部的人、财、物等各种资源进行有效整合和分配；领导阶段是指实验室管理者应建立一系列规章、制度和标准，并依据有关规定领导实验室人员的具体工作；以建立的文件对已做的工作进行对比检查，协调、控制整个检测过程，并修正已建立的目标及相关程序，此为控制阶段。管理过程中计划、组织、领导和控制并不是完全独立的，实际工作中管理者常常需要同时进行几项工作。管理过程的运行循环往复，可不断改进与完善。

### 1. 实验室的计划

计划是指通过对相关信息进行分析并评估未来可能的发展，从而决定未来应进行的行动的过程。从实验室的角度来说，确定实验室未来的方向，从而考虑怎样利用资源达到实验室的目标，便是实验室的计划。总之，要有计划、有步骤地满足实验室认可管理和技术两方面的全部要求。近期计划要与远期计划有效结合，要围绕着远期计划完成。目标制定以后的具体工作，如书写标准操作规程和程序文件可以由专业组或技术人员完成。

实验室的内外部环境总是处于不断的变化之中。要注意的是：计划不是医院领导的专利，实验室和其下属的专业组都要计划怎样达到自己的目标。

### 2. 实验室的组织

组织是有意识地协调两个或两个以上的人的活动或力量的协作系统。有了计划以后，便要将机构组织起来，以便完成计划的目标。通过计划确立了目标以后，就要将实验室内部的人、财、物等资源合理配置，建立组织框架，妥当划分工作范围，高效利用现有资源，努力实现已制定的目标。

实验室的组织结构为金字塔形，通常以组织框架图来表示，它明确了实验室中的上下级关系、专业组之间以及工作人员之间的关系。实验室管理者应投入一定的精力建立和维持这种层次关系，维护这种层次关系主要通过制定实验室规章制度、工作流程、程序文件来实现。

在进行组织活动时应坚持以下原则：

（1）目标性：每一个工作岗位都有明确的工作目标和任务，这些岗位目标应与实验室的总体目标保持一致。

（2）权威性：必须明确界定每一个工作岗位的权限范围和内容。

（3）责任性：每一个工作人员都应对其行为负责，责任应与工作权限相对应。

（4）分等原则：每一个工作人员都清楚其在实验室组织结构中所处的位置。

（5）命令唯一性：一个人应只有一个上级，不宜实行多重领导。

（6）协调性：实验室的活动或工作应很好结合，不应发生冲突或失调。

### 3. 实验室的领导

领导是指影响、指导和激励下属，使下属的才能得以发挥，从而促进机构的业务发展。现代的管理者认为领导是一种影响力，是对人们施加影响的艺术或过程，从而使人们情愿地、热心地为实现组织或群体的目标而努力。

领导的本质是影响力，领导者依靠自己的个人魅力把组织中的群体吸引到他的周围，取得他们的信任，实验室中的工作人员心甘情愿地追随他为完成实验室的目标而努力工作；领导是一个对人们施加影响的过程，是一门艺术。领导者面临随时可能发生变化的内外环境，面对有不同背景和需求的人们，因此做好领导就一定要有影响能力：领导是一项目的性非常强的行为，它的目的在于使人们情愿地、热心地为实现组织的目标而努力。

### 4. 实验室的控制

控制就是监督机构内的各项活动，以保证它们按计划进行并纠正各种重要偏差的过程。其目的是要确保每个员工都朝着既定的目标前进和发展，以及尽早把错误改正过来。如果所有上述管理过程进行十分顺利，则不需要进行控制工作，但事实上这是不可能的。控制活动主要通过建立控制标准、衡量执行情况和采取纠正措施来完成。

（1）建立控制标准。建立标准是实现有效控制的基础，实验室应尽可能地为各项工作建立标准，以评价工作的执行情况。由于管理者不可能对所有过程进行监督并与标准进行对照，故应挑选出一些关键的控制点，通过对它们的衡量和监督来实现对全部活动的控制。如在实验室的质量管理中，建立室内质量控制标准，用2倍标准差或3倍标准差监测检验的重复性是否良好。

（2）衡量执行情况。实验室管理者可以通过个人观察、统计报告、书面报告等形式收集实际工作的数据，了解和掌握工作的实际情况，并与标准进行比较，衡量实际工作与已制定标准是否存在差距。

第一，个人观察。没有任何其他方法能取代管理者直接观察工作状态和与工作人员接触以了解其实际活动，因为这样可获得第一手资料，避免了可能出现的遗漏、忽略和失真。为了克服这些问题，进行现场调查和观察时，应准备好调查提纲，选择恰当的时间，采取灵活多样的形式，如召开座谈会、个别访问等效果会更好。

第二，统计报告。将日常实际工作采集到的大量数据以一定的统计方法进行加工处理后可制成多种报告。特别是引入计算机技术后，这类报告有可能得出一些深层信息和结论，如通过每月室内质控量表不难看出实验室质量存在问题和发展趋势。从室间质评机构发回的室间质评结果不仅可以使自己知道实验室的准确度，还可以了解到各类仪器性能的优劣。因此实验室管理者在进行科学管理时愈来愈多地依靠报表来衡量实验室的实际工作情况并由此发现存在的问题。

第三，书面报告。既往管理者往往要求下级对一些工作和情况做出口头报告，随之给以口头指示。这类方式存在一定的随意性，一旦出现分歧和问题，往往无法说清。现代化的实验室目前更多地采用书面报告和批复的方式，既便于存档复查，又便于弄清问题。在实际工作中还存在一些其他类型的方法，如抽样检查等，管理者可以灵活加以应用。在此阶段最重要的是管理者应设法保证所获取的信息具有准确性、及时性、可靠性和适用性。

（3）纠正行动。控制过程的最后一项工作是采取纠正行动。最常用的是除外控制，也就是纠正由于标准与实际工作成效存在差距而产生的偏差。纠正偏差的方法有两种：要么改进工作，要么修改标准。改进工作：这是最常用的方法。首先应分析问题所在和偏差产生的原因，然后采取相应的行动，如改变检测方法、变动实验室内部结构、改变人力资源分配等。修订标准：在少数情况下，偏差是由于标准制定不合适引起的。

# 第二节　医院医疗器械与耗材档案管理

医疗器械档案是医院对其进行正常使用、维护和技术性能开发不可或缺的资料，因此在医院建立医疗器械档案管理制度尤为必要。"医院的各种医疗器械，是医疗活动正常开展的基础和前提。如何做好医院医疗器械档案的规范化管理，不仅是提高医院医疗工作开展效率的关键，还有助于医院降低医疗器械购置中的资源浪费，促进医院的良好发展。"[1]

---

[1]　刘秀丽. 医院医疗器械档案规范化管理 [J]. 兰台世界，2016（S2）：157.

## 一、医院医疗器械档案的类型

### （一）医疗器械的购置档案

第一，医院各科需用的各类低值易耗器材，由各科每月拟订计划，交设备科审批，由采购员联系采购。采购人员在采购过程中必须严格自律，采购质优价廉的物品。仓管人员负责各种低值易耗器材的验收工作，对不符合质量要求的器材坚决退换。医疗器械档案从购置开始立卷。

第二，单价在 5 万元或以上的设备购进，必须先由计划使用科室提出可行性报告，填写《医疗设备购置申请表》，并由科室核心组全体成员签名，交设备科加具意见，后提至医院办公会议讨论研究决定是否购买，产生的可行性报告，认真记录归档。

第三，洽谈购买时，由院领导、设备科领导、设备使用科室领导（或设备使用人员）参与洽谈。有关人员不允许单独与经销商接触洽谈有关买卖业务。对拟购的器械选择应具备多向性，有比较择优购买，洽谈成功后必须签订正式供货合同，明确双方责任，参加洽谈人员不允许接受经销商的各种赠品及旅游邀请。在购买设备中获得的折扣全部归公，绝对禁止收受回扣。以供应商为单位建立供应商档案。

第四，设备到位的验收工作一般由本院设备科技术人员、使用科室负责人及档案室管理人员共同负责，并收集所有的档案资料。部分高精尖新设备如本院不具备验收能力，应邀请省市有关部门参与验收。参与验收人员必须认真负责，在验收表中签字确认，设备使用科室人员必须认真填写内容栏目。

第五，各类精密贵重仪器设备购买发票必须有使用科室领导、设备科领导及相关院领导签名才能付款，发票复印件归入档案。

### （二）医疗器械的使用档案

第一，医疗器械最终用户部门应根据操作手册，对初次使用医疗器械（设备）的医护人员进行细致认真的使用前培训及考核，培训记录建档。

第二，医疗器械最终用户部门应指派专人负责收集和保管所使用的医疗器械操作手册等资料，并归档。

第三，医疗器械最终用户部门应针对不同的医疗器械（设备）培养技术骨干，建立部门内技术档案。

第四，医疗器械最终用户部门应对相关医疗器械（设备）的操作进行定期考核，以保证下属医护人员对医疗诊断或治疗设备的正确有效操作，提高诊断准确率或有效治疗率。

### （三）医疗器械的报废档案

第一，凡使用期满并丧失效能、性能严重落后不能满足需求、由于各种原因造成损坏且无法修理或无修理价值的医疗设备可申请办理报废手续。

第二，医疗设备报废，必须先由使用科室提出书面申请，说明报废原因、数量，经医疗设备科鉴定审核批准。单价一万元以上贵重设备必须经院领导审批后，方能办理报废，报废申请及时归档。

第三，经批准报废的医疗设备，由医疗设备科会计办理销账手续，建立残值账目，档案员办理相关档案手续。

第四，凡经批准报废的医疗设备必须送交医疗设备科，进价万元以上的设备须由设备科报国有资产管理部门处理，报废器械档案留存 5 年。

## 二、医院医疗器械管理产生的档案

### （一）医疗器械的计划档案

第一，凡医院由国家无偿调拨、拨款购置或医院租赁、奖励、院资金购置及接受捐赠的医疗设备均属于此管理范围。

第二，医院所有医疗设备一律由医疗设备科有计划地统一购入。各使用科室应本着先急后缓、勤俭节约的原则，结合临床和科研工作需要，在做好可行性预算的前提下，向医疗设备科做出每月计划和年度计划，由医疗设备科统一汇总，经有关部门及医院领导批准后方能实施。未经批准，不得擅自订购任何医疗器械。

第三，医疗器械使用科室有责任推荐欲订购物资的品名、产地、规格、型号、性能、数量等，供购置时参考。

第四，医疗设备的购置计划须经使用科室论证小组成员签字，报设备科统一制订计划，经医院院务会议讨论通过后，方可执行。

第五，为保证计划的严肃性，经批准后的购置计划一般不得随意改动。如系特殊情况须调整时，也应书面呈报设备科并由医院领导同意后方可改动。

### （二）医疗器械的采购资料档案

第一，医疗设备科所购医疗器械严格执行卫生部门的相关规定，并按照国家有关规定向供应商查验索取必要的证件，审查投标医疗器械公司是否有不良记录、是否为进口二手大型医疗设备、是否为国家已公布的淘汰机型，并备档。

第二，新进的医用耗材及检验试剂必须严格执行非营利性医疗机构医用耗材及检验试剂集中采购的相关规定，严格按照中标（成交）产品采购手册进行采购。

第三，所有购置的医疗器械必须与供货商签订购置合同。

### （三）医疗器械的出入库票据档案

第一，所购医疗设备到货后必须填写《医疗设备验收登记卡片》，包括设备名称、生产企业的名称、经销单位的名称、规格、型号、数量、单价、购置时间、生产编号、验收人等内容；所购低值易耗品、卫生材料、一次性用品、试剂、消杀用品、医疗设备配件到货后须登记产品名称、供货单位、生产厂家、规格、型号、数量、单价、生产批号、有效期、灭菌期、送货人、验货人、发票号、报关单、检测报告、追踪号；检查医疗器械无误后方可办理出入库手续，并由专人下送使用科室。

第二，严禁包装破损、失效及有明显问题的物品进入库房。

第三，医疗器械须存放于阴凉干燥、通风良好的货架上，不得将包装破损、失效、霉变的产品发放至使用科室。使用科室发现不合格产品或质量可疑产品应立即停止使用，并及时报告院内感染科、设备科及当地食品药品管理部门，不得自行处理。

第四，对于所购医疗器械，招标文书、档案、出入库登记必须统一由专人管理，做到每件医疗器械可追溯。

### （四）医疗设备的运行档案

第一，医疗设备领回到使用科室后，应及时由医疗设备科工程技术人员协同厂家及使用人员安装、调试，操作人员使用正常后，填写验收报告单，并由使用科室主任级验收人员在验收报告上签字。

第二，医疗设备投入正常使用后，操作人员应保证其有足够的工作时数，以便可能出现的一些质量问题能够及早发现，尽可能在保修期内得到妥善处理。

第三，对大型医疗设备应制定严格的操作规程，制成卡片挂在医疗设备上或醒目地贴在操作者便于看到的位置，操作者使用时严格按操作程序进行。

第四，大型医疗设备须由专人管理，并有使用记录和交接手续。使用人员须经过专业技术培训考核取得大型医疗设备上岗证后方可上机操作，进修、实习人员和其他非专业人员不得擅自操作。

第五，万元以上医疗设备要建立档案，内容包括科室申请、论证报告、招标文书、合同、装箱单、合格证、验收报告、使用说明书、线路图、维修记录等，由设备科专人建档后交医院档案室统一保存。

第六，各使用科室与医疗设备科每年清点医疗设备财产一次，如遇账目不符问题，应及时查找原因，并报告设备科长及医院领导，研究处理。

第七，使用科室的医疗设备发生故障，要及时填写维修申请表，写明故障所在，通知医疗设备科负责维修。如遇外修时，须由设备科专人联系，如使用科室擅自请外单位人员维修，设备科有权拒绝办理付款及有关手续并追究使用科室责任。

第八，大型甲类、乙类医疗设备必须有大型医疗设备配置许可证，设备操作人员必须持有大型医疗设备上岗证方可上机操作。

### （五）医疗设备的维护与维修管理档案

第一，各使用科室应重视医疗设备的维护，每天开机前、关机后均应周密检查，并进行清洁、校验、整理、复原等工作，使设备每天处于良好状态。

第二，对环境有特殊要求的医疗设备，要根据其技术管理要求，分别采取恒温、防磁、防震、稳压、避光、润滑等维护措施。

第三，对于强检医疗设备须根据质量技术监督局规定时间定期计量、检测，并做好相关记录。

第四，医疗设备需要维修时，使用科室应仔细填写设备维修申请单，注明医疗设备的型号，故障原因、现象等，然后交设备科维修组，设备科维修技术人员在收到维修申请单后，应尽快对故障进行检查、维修，使其恢复正常运转。要确保常规抢救设备完好率100%。

第五，医疗设备需要外修时，使用科室应填写"医疗设备外修维修申请表"，科主任签字后报医疗设备科长审批，主管院长审批后由医疗设备科专人联系外修，使用科室不得自行外修，否则造成的一切费用由使用科室自付并追究其责任。

第六，重视维修人员素质培养，定期选派技术人员外出培训。

第七，各科室医疗设备不得私自外借，否则造成的一切不良后果自负。

### （六）医疗器械的应用分析、效益评估、更新报废档案

第一，医疗设备科应定期与财务科、经管会、病案室等职能科室联合到医疗设备使用科室了解设备性能、工作效率等使用情况，并根据使用科室实际做出大型医疗设备应用分析、效益评估、更新计划报院领导参考。

第二，凡因使用磨损、老化等原因损坏的医疗设备，经设备科技术人员鉴定确认无法维修的或经质量技术监督部门鉴定不符合国家计量标准的，由使用科室填写"医疗设备报废（调拨）审批表"，使用科室主任签字，经设备科核实，设备科长批准、院领导批准和财务科长批准后，方可报上级部门报废注销或降级使用。

第三，凡有下列情况之一的医疗设备应调整使用：①无正当理由闲置半年以上者；②引进新医疗设备后原设备降级使用者。

第四，凡有下列情况之一的医疗设备应注销报废：①达不到国家计量标准，严重影

响使用安全造成危害而无法修复改造者；②超过使用年限，机构陈旧，性能明显落后，严重丧失精度，主要配件损坏无法修复者。

第五，医疗设备的报废与调整统一由设备科办理，各使用科室不得自行处理。

第六，低值易耗品的报废由使用科室填写"低值易耗品的报废申请表"，使用科室主任签字后报设备科长和主管院长审批签字后方可报废，报废物品由设备科按规定统一处理。

### （七）医疗器械的损坏赔偿

第一，凡使用医疗设备的工作人员，因工作失职、保管不妥、交接不清、违反操作规程或使用不当，造成医疗设备损坏的，可根据情节轻重，对责任者酌情给予批评教育、行政处分和经济处罚。

第二，医疗设备丢失，要书面说明丢失情况并附检查，经设备科组织相关人员调查确认事实后，拿出处理意见，报院领导及相关部门审批，及时销账。

第三，由于人为因素造成医疗器械遗失、霉烂、虫蛀时，要追究当事人的责任，并给予相应处理。

### 三、医院医疗器械档案管理的制度与职责

#### （一）医疗器械档案管理的制度

第一，医疗器械档案由医疗设备科专人负责整理、分类管理。

第二，医疗设备安装调试完毕后由专人整理核实资料，装订后交医院档案室统一管理。

第三，医疗耗材资料由专人整理后，在设备科保管，所有资料在耗材用完后保存10年，植入人体的一次性耗材资料由院档案室统一管理。

第四，医疗器械档案应集中统一管理，任何科室、个人不得存放有关档案，以确保医疗器械档案的系统化、完整化，充分发挥信息管理的作用。

第五，建立医疗器械档案目录，单位和个人须借阅有关医疗设备档案或其他资料时，医疗器械档案管理人员应负责办理借阅手续，并妥善保管，损坏者按有关规定赔偿损失。

第六，医疗器械档案管理员应负责所管档案的安全，注意防火、防潮，严防泄密。

第七，医疗器械档案资料要按规定的项目内容认真填写，做到字迹端正、清晰，并分类编号登记；资料收集应真实、完整；案卷目录应与案卷内容一致。

第八，医疗器械质量管理制度。购置前的论证：为了保证购入的医疗器械质量可靠、性能优良，较好地满足临床需要，在购置前需要进行详细的质量调研。当新增医疗器械品种时，医务人员应写出详细的论证报告，医务部门应有明确使用意见。

入库前的检验：入库前的验收是确保购入的医疗器械质量的关键，一定要做到先验收后入库。在验收过程中若发现质量问题，利用合同中的质量保证条款及时交涉处理。

使用阶段的质量跟踪与评价：医疗器械的管理要对投入使用的医疗器械做质量跟踪，对发生质量问题的产品、品牌、供货单位、时间、现象、原因做详细的记录，每年对此品牌产品有质量评价报告。

**（二）医疗器械档案管理员的职责**

第一，在科长的领导下，负责医学装备科的文书、打印、统计、资料和档案的管理。

第二，根据科长的要求，起草相关的文件。

第三，对上级下发的各类文件，要认真登记、分类保管。负责送达本科呈报给院领导和上级机关的请示、汇报文件及相关资料，并认真执行签收制度。

第四，负责给临床和医技科室发放各种文件。

第五，要按照领导和有关部门的要求及时、准确打印和呈报相关的统计资料；负责临床科室的统计工作。

第六，对于采购人员所移交的设备档案和验收单，要认真整理、编写目录，登记后存入档案柜。凡上一年的设备档案，按医院规定及时移交给院档案室。

第七，做好科室学习记录和各种会议记录。

第八，负责医学装备科的内务管理，做好与有关职能部门的联络、协调工作，热情有礼地接待院内外来办事的来客。

第九，根据需要去有关临床科室调查了解情况，并及时向科长反映，提出意见或建议。

第十，严格执行医院的各项规章制度，完成科长安排的其他相关工作。

# 第三节　医院医学装备信息档案管理

## 一、医学装备信息的内容

医学装备是医院进行正常医疗活动的重要物质条件。各级卫生行政管理部门对医学装备都制定了完整的管理办法和管理制度，医学装备管理部门则按照这些管理办法和制度对医学装备进行管理。在医学装备管理的全过程中就会接触和产生大量的信息，包括规划计划、选型论证、安装验收、使用保管、计量维修、档案资料、统计报表、检查考核、事故处理、调剂报废及经费管理、效益评估等。这些信息都是医学装备管理工作中需要进行决策时的重要依据，也是对医学装备进行有效调控的基础数据。

根据卫生部门颁布的管理办法和管理制度，医学装备的全过程管理分为前期管理、中期管理和后期管理三个阶段，每个阶段所包含的信息内容各有不同。

### （一）医学装备的前期信息

第一，计划信息：中长期规划、当前购置计划，财务预算计划、资金来源等。

第二，合同信息：合同号码、批准证号、装备名称、规格型号、生产厂家、数量价格、技术指标、功能特点、配件种类、消耗材料、化学试剂、资料图纸、订货日期、到货日期、电话传真等。

第三，管理信息：审批程序、审批权限、固定资产管理手续、财务手续等。

第四，进口信息：外商名称、注册证号、代理授权证书、招标程序、专家论证、外贸合同、付款方式、运输方式、运费保险等。

第五，到货信息：报关免税、商检索赔、单据验收、安装调试等。

### （二）医学装备的中期信息

第一，出入库信息：建账建卡、建数据库、使用分类代码等。

第二，使用信息：项目内容、使用制度、操作规程、使用部件、性能状态、开关时间、人次数量、标本数量等。

第三，档案信息：申购资料、订货卡片、合同发票、货单运单、进口批文、使用手册、维修手册、故障记录、维修记录、计量记录等。

第四，计量信息：人员状况、送检免检、强制检测等。

第五，维修信息：装备名称、损坏部位、调换零件、工时费用等。

第六，考核信息：计划执行、库房管理、档案资料、效益评估、维护保养、使用维修、调剂报废等。

第七，效益信息：诊疗人次、科研成果、培养人才、课题数量、教学任务、收入支出、开发服务等。

### （三）医学装备的后期信息

第一，调剂信息：条件标准、审批权限、调剂原则、保管维护等。

第二，报废信息：条件标准、审批权限、资产处置、财务处理等。

## 二、医学装备信息的收集

### （一）医学装备的厂商信息

收集来自国家和单位内部的医学装备信息比较容易。这里重点介绍收集生产医学装备厂家的信息和医学装备技术质量信息的方法。

第一，订阅。这是收集市场信息的主要方法，除了我们日常见到的报刊外，现在有专门传递信息的各种报刊可以订阅。如《科学器材导报》《国外科学仪器》及《医疗器械》等。

第二，交换。医院之间可以相互交换市场信息资料。

第三，索取。现在国内外已有很多生产厂商、公司、集团印制大量有关资料，如产品目录、厂商介绍等，可以向其索取。国际上有若干种可以赠阅的商业信息方面的报刊。

第四，网上查询。如国家卫生部网、国家药品监督管理局网、国家中医药管理局网、中国医疗器械信息网等。因此，不失时机地收集国外产品的信息，以满足我国卫生事业发展的需要，是非常重要的。

### （二）医学装备的市场信息

第一，时效性短。国外厂家之间竞争激烈，各厂家都竞相将科技新成果应用于医学装备之中，以形成竞争优势。因此，样本、资料的内容很快就过时了，应及时、不断地收集，才能满足需要。

第二，系列化强。国外厂家的样本、资料向世界各地发送。有的大型厂家其样本、资料已经系列化，内容简洁，数据详尽。

第三，定期发送。国外很多厂家，只要你把单位或姓名列入其发送样本、资料的名单内，就会定期发送给你，一般每年需要确认一次，若未及时寄确认卡，可能停止发送。

### （三）医学装备的样本资料

国外医学装备除通过在我国举行的展览会、厂商设立的样品陈列室、考察国内外进口的设备或向国外派出考察团（组）等方式查看实样外，均不能见到实样，主要是通过样本、资料了解情况。因此，收集样本、资料就成了进口医学装备首先要做的事情。如何收集，现介绍如下：

#### 1. 国内收集

（1）国内专业进出口公司：国内各专业公司都有资料齐全的样本资料室可供查阅，有复份时亦可向其索取。

（2）国内科技情报研究所：这些情报研究所均有大量国外样本、资料供查阅（有的叫特种资料），有复份的亦可向其索取。

（3）国内中外文报纸：国内的中外文报纸，近年来也刊登国外厂家广告。

（4）利用外商来华参展的机会，直接向其索取。

（5）查询有关国际贸易促进委员会网站。

**2. 国外收集**

（1）利用国际联机情报检索系统。

（2）厂商目录：国外厂商定期编辑出版本厂的产品目录。有的代理商也定期编辑出版代理厂家目录，大都装订精美、内容齐全、免费提供。

（3）国外产品介绍刊物：国外出版社专门定期编辑出版介绍各国厂商产品的刊物。

（4）采购指南：国外出版社编辑出版的厂商及产品介绍。一些商业性刊物一个年度编辑一期，随刊赠送。

（5）期报刊广告：国外期刊、报纸均登载大量广告，可以收集。

（6）来华展览会：国外来华展览会除带来实物外，还带来大量样本、资料，可以索取。

（7）向厂家索取：直接向厂家索取该厂产品样本、资料。

（8）其他：还可通过其他方式收集国外样本、资料。

### 三、医学装备信息的整理与分类

医学装备信息的整理及分类是医学装备信息管理工作中非常重要的组成部分。收集来的大量资料，如不分类或不及时分类，既不便利用，在一定时期后，这些样本、资料也会失去使用价值。国外产品换型很快，因此，国外资料更应及时收集、及时整理、分类利用。如何整理和分类，简要介绍如下：

#### （一）医学装备信息的整理

第一，分检综合目录。一般国外厂家有定期综合目录。为了使用和分类方便，首先把此种目录与其他目录分开。

第二，按外文字母进行逐区分放。以英文为例，可以根据 26 个字母，将首字母相同的医学装备信息整理到同一个区域，并与其他字母的医学装备信息进行间隔，防止混乱。不管用什么分类方法，均可用此种办法，如将医学装备分为诊断设备类、治疗设备类及辅助设备类三大类后，可以将诊断设备类的医学装备信息，再次按外文字母进行逐区分放。

第三，加盖日期。有些资料有明显的日期。

第四，处理过期资料。应该不断处理过期的资料或已被更新的旧资料，哪些该处理，哪些该保留，要根据使用者来定。

### （二）医学装备信息的类型

第一，厂家分类。把收集到的目录，按厂家名称第一个外文字母排序。

第二，按产品分类。把收集到的资料按产品外文字母排列，如英文按 A、B、C 等分堆。先分大堆，再分细类。

第三，按分类代码分。按分类代码分，使样本资料号与现有医疗器械、仪器设备分类代码一致，便于查阅。

## 四、医学装备信息管理系统

### （一）信息管理系统

信息管理系统是一门综合了经济管理理论、运筹学与统计学和计算机科学的系统性边缘科学，随着管理科学和技术科学的发展而形成。它有三个构成要素：系统的观点、数学的方法和计算机的应用，这也是管理现代化的标志。

医学装备信息管理系统与其他信息管理系统一样也是一个由人、计算机等组成的进行信息收集、传递、存储、加工和使用的系统，它将组织理论、会计学、统计学、数学模型及经济学等多种学科理论同时展示在计算机硬件和软件之中，建立起一个可以进行全面管理的、以计算机为基础的信息系统，它具有预测、控制和决策功能，将电子数据处理与经济管理模型结合起来，为各级领导提供辅助决策的依据。

### （二）医学装备信息系统

建立医学装备信息管理系统，就是要对所需要的信息进行一系列的加工活动。通常可以分为收集、传递、储存、交换、处理、检索和转换七个部分。

第一，信息的收集。信息的收集是指原始信息的收集，它要求全面合理、详尽可靠，并要保持信息的连续性。收集信息一般采用两种方法：即具体的业务方法和系统方法。业务方法的程序是：摸清业务要求—明确调查目的—拟定调查内容—开展正式调查；系统方法的程序是：了解系统总目标—确定数据总模式—确定调查内容—开展正式调查—检查校验—进行结构安排—储存入库。

第二，信息的储存。经过加工整理后的信息，一部分经过使用后储存于计算机内；一部分不经过使用直接储存。信息储存的目的是为了有效地加以利用，并有助于提高经济、技术和行政的管理水平。储存的信息通常是最有价值的信息，它能起到咨询、参谋和顾问作用。

第三，信息的传递。信息传递的通路由信源—信道—信宿三部分组成。信源是信息的出发者、传递的起点；信道是信息传递的通道，它包括信息传递的媒质和传递方法；信宿是信息传递的终点，作用是接收信息和利用信息。

第四，信息的交换。信息交换是人类知识积累的重要方法，人们通过信息交换而获得新的信息，使研究不断深入，认识不断深化，产生新的信息组合，进而形成新概念。

第五，信息的检索。信息检索就是利用手工或计算机，从资料、档案、图书或计算机数据库中，找出所需要的信息资料。

第六，信息的处理。对信息加工的过程称为信息处理。信息处理通常采用的是数字信号处理法。它是用计算机对数字或符号序列表示的信号进行处理，由预先编制的程序来实现。

第七，信息的转换。信息的转换是信息处理的高级形式。它将信息从一种形态转换为另一种形态。以自然界客观物质为信源产生的自然信息可以转换为以人脑为信源产生的语言、文字、图像、图表等人工信息，也可以转换为计算机的代码，以及广播、电视、电信的信号。而代码和信号又可以转换为语言、文字、图像和图表等。

### （三）信息管理系统结构

第一，管理层次。管理分为三个层次：计划层、管理层、执行层。不同管理层次需要的信息不同。

第二，功能结构。一个企业的管理功能分为市场管理、生产管理和财务管理。信息管理系统也要分为三块。

第三，软件结构。信息管理系统是以数据库为核心，管理人员使用数据库完成各种功能的管理。

第四，硬件结构。管理信息系统的硬件结构分为手工操作系统、机械操作系统和电子操作系统。电子系统包括电话、电传、传真、电视和计算机，其中计算机是系统的核心部分。

### （四）信息管理系统开发

第一，规划实现。一个新的信息管理系统需要大量的时间、资源和经费，因此必须进行充分的规划和论证。

第二，设计。在系统分析的基础上提出设计方案，确定系统的功能与目标。

第三，维护信息。系统的维护就是要减少各种错误，改善服务，包括日常维护、紧急维护和系统改进。

第四，评价系统。评价是信息管理系统的最后一个阶段，评价内容包括价值评价、技术评价、运行评价和经济评价。

# 第四节 医院固定资产档案管理研究

## 一、医院固定资产的类型与计价

医院固定资产[1]是医院资产的重要构成项目，是指使用年限在一年以上、单位价值在规定的标准以上，并在使用过程中基本保持原有物质形态的资产。

### （一）医院固定资产的类型

#### 1. 按照固定资产的性质划分

（1）房屋及建筑物。房屋及建筑物是指医院控制、占有和使用的房屋、建筑物及其附属设施。房屋一般包括门诊用房、病房、检查用房、库房、职工宿舍、职工食堂、病人食堂、锅炉房、行政后勤用房等。建筑物一般包括道路、围墙、水塔等。附属设施包括房屋、建筑物内的电梯、通信线路、输电线路、水气管道等。

（2）专业设备。专业设备是指医院由于医疗服务活动的需要而购置的各种医疗器械。如核磁共振、CT、直线加速器、心电图机、脑电图机、X光机、B超机、生化分析仪等。

（3）一般设备。一般设备是指医院用于业务工作的通用性设备。如办公用的家具、打印机、电子计算机、复印机、交通工具等。

（4）图书。图书是指医院图书室的各种专业图书和重要专业杂志。

（5）其他固定资产。其他固定资产指上述各类未包括的固定资产。

固定资产按照性质分类，可以反映医院固定资产的用途结构及其变化情况，分析各类固定资产占全部固定资产的比重，便于了解医院的医疗设备装备情况，促使医院合理配置固定资产，充分发挥固定资产的作用。

#### 2. 固定资产按其使用情况划分

固定资产按其使用情况，可分为使用中的固定资产、未使用固定资产、不需用固定资产和租出固定资产。

（1）使用的固定资产。使用的固定资产是指医院正在使用中的各类固定资产。

（2）未使用固定资产。未使用固定资产是指已完工或已购建的尚未交付使用的新增

---

[1] 固定资产是医院进行医疗服务活动和其他活动的主要物质保证。固定资产的数量决定医院规模的大小，固定资产中的专业设备反映了医院诊疗服务能力，而且固定资产在医院全部资产中所占的比重也比较大。

固定资产，以及进行改建、扩建的固定资产和停止使用的固定资产。

（3）不需用固定资产。不需用固定资产是指医院多余或不适用的，需要进行处理的固定资产。

（4）租出固定资产。租出固定资产是指医院暂不需用，租给外单位使用的固定资产。

固定资产按使用情况分类，可以分析医院现有固定资产的利用情况，有利于挖掘固定资产潜力，及时处理不需用固定资产，促进医院提高固定资产的利用效率。

### 3. 固定资产按所属关系划分

（1）自有固定资产。自有固定资产是指产权属于医院的固定资产。

（2）融资租赁固定资产。融资租赁固定资产是医院以融资租赁方式租入的医疗设备、建筑物等。融资租赁是租出方和承租方事先约定较长的租期，承租方在租赁期间支付租金，租金中即包括了买价部分，又包括一定的利息支出和手续费，当承租方付清最后一笔租金后，其所有权一般将转让给承租方，这实际上属于变相分期付款购买固定资产的方式。由于融资租赁固定资产一般由承租方一直使用，所以医院应视为自有固定资产进行管理，同医院的自有资产一样计提修购基金。

（3）租入固定资产。租入固定资产是指按租赁合同从其他单位租入供医院使用的固定资产，医院有权使用，但无所有权。医院租入固定资产应视为使用中的固定资产。

医院租入固定资产，同融资租赁固定资产性质不一样。租入的固定资产是定期支付租赁费，产权不归承租方，融资租赁固定资产在租赁期支付租金，到期后，产权归承租方。租入固定资产不计提修购基金，其租赁费在成本费用中直接列支，融资租赁固定资产计提修购基金计入成本费用。

### （二）医院固定资产的计价

医院的固定资产不仅要按实物计量单位进行计算，还要按货币计量单位进行计价。正确地对固定资产进行计价，以反映医院拥有的固定资产规模和固定资产的增减变动，也是正确计提修购基金的前提条件。

### 1. 固定资产的入账价值

医院固定资产的入账价值，应根据取得固定资产的不同来源，按取得时的实际成本入账。

（1）购入固定资产的计价。购入的固定资产，按购入的价格加上支付的运输费、保险费、包装费、安装成本和缴纳的税金确定。国外进口设备按购入的价格，加上按规定支付的进口税金等计价。

（2）新建的房屋建筑物的计价。新建的房屋建筑物，按交付使用前发生的实际支出计价。

（3）在原有基础上进行翻建改建固定资产的计价。按其原来的固定资产价值加上翻建、扩建过程中发生的全部费用支出，减去改、扩、翻建过程中发生的拆除的固定资产原值和固定资产变价收入后的余额，作为原始价值。

（4）自制固定资产的计价。自制的固定资产按照制造过程中发生的实际成本计价。

（5）借款购建固定资产的计价。在固定资产尚未交付使用或已投入使用，但尚未办理竣工决算时发生的固定资产借款利息和有关费用，以及外币借款的汇兑损益，应计入固定资产价值，在此之后发生的借款利息和有关费用以及外币借款的汇兑损益，应当计入当期损益。

对已投入使用但尚未办理移交手续的固定资产，可先按估计价值记账，待确定实际价值后，再进行调整。

（6）接受捐赠固定资产的计价。接受捐赠的固定资产，按照发票所列金额加上医院负担的运输费、保险费、安装调试费等确定。未附单据的，按市场同类固定资产的价格加上医院接受固定资产时发生的各项费用，计入固定资产价值。

（7）无偿调拨或由于医院撤并转入的固定资产，按原单位账面原值计价。

（8）融资租入的固定资产，按租赁协议或合同确定的价款加运输费、保险费、安装调试费等确定。

（9）盘盈的固定资产按重置完全价值计价。

### 2. 固定资产的计价基础

（1）原始价值。原始价值是指医院购建或以其他方式取得某项固定资产时所发生的一切合理、必要的支出。它是固定资产基本的计价基础，可以反映医院拥有固定资产的规模和诊疗服务能力，可以同医院的财务成果、诊疗服务成果对比，分析固定资产使用效果，考核固定资产利用程度，也是计提修购基金的重要依据。其特点是具有客观性和可验证性。

（2）重置完全价值。重置完全价值是指固定资产在目前情况下，重新购建所需的全部支出，也称重置价值。医院合法取得固定资产时，可以按重置价值入账，如盘盈、接受捐赠时无原始价值资料的固定资产或固定资产重估时。其特点是可以比较真实地反映固定资产的现时价值。

### 3. 固定资产计价的管理

医院已入账的固定资产，除发生下列情况外，不得任意变动其入账价值。

（1）根据国家规定对固定资产重新估价。

（2）增加补充设备或改良装置。

（3）将固定资产一部分拆除。

（4）根据实际价值调整原来的暂估价值。

（5）发现原固定资产价值有错误。

## 二、医院固定资产管理的要求与任务

### （一）医院固定资产管理的要求

#### 1. 明确固定资产核算工作

做好固定资产的核算工作是固定资产管理的基本要求，医院要建立健全固定资产的收发保管和使用责任制度，准确反映和监督固定资产的增减变动、结存、保管和使用等情况。对固定资产进行合理的分类和计价，正确计算固定资产修购基金和与之有关的成本和费用，建立健全固定资产的维修、使用制度等。

#### 2. 设置专门管理机构，明确固定资产管理职责

医院固定资产应当实行"统一领导，归口管理"的办法进行管理。医院有一名领导主管固定资产管理工作，设置固定资产管理机构。医院固定资产管理机构有财务科、总务科、设备科。单位内部各部门应当合理分工、明确职责、健全制度，配备相应管理人员，做好固定资产的各项管理工作。

医院财务部门应重点做好固定资产的财务管理工作，做好固定资产的投资预测、决策、可行性分析工作，对固定资产的采购、使用、保管、清查盘点、使用期限、维修、报废、清理进行全过程的核算与监督。

医院固定资产专门管理机构，应重点做好固定资产的实物管理工作。建立健全固定资产明细分类账和卡，切实做好固定资产的采购、供应、配备、保管、维修、盘点清查、库房管理等工作，掌握了解固定资产的增减变动、保管和使用状况，并与财务部门核对，对各类固定资产进行统一调配和管理，按照规定办理固定资产有关业务手续，制订固定资产的更新改造和修理计划。

医院固定资产实行谁用谁管，把固定资产管理纳入使用科室和操作人员岗位责任制中，使用科室和操作人员应当做好固定资产使用的管理工作，对固定资产管理部门负责，建立健全财产管理使用制度，严格执行固定资产管理制度，搞好固定资产的日常管理，保证固定资产完整无缺，并做好日常维修和保养工作，充分发挥其效能。

#### 3. 专业管理与群众管理结合起来

医院固定资产管理实行归口分级管理。为了充分调动各个部门及职工群众参与管理的积极性和主动性，必须把固定资产管理与医疗业务、医疗质量、技术、财务管理结合

起来。具体地讲，就是固定资产管理，要围绕着医疗业务的开展，以医疗技术、质量的提高为中心，但又要充分考虑社会效益和经济效益，努力找出一条低投入、高产出的路子来，以较少的固定资产投入，努力取得较好的医疗效果。充分调动固定资产管理部门和职工群众当家理财的积极性，将专业管理与群众管理有效地结合起来，通过明确岗位责任制，将固定资产管理与经济责任制考核结合起来，通过经济调控手段，找出固定资产管理的新路子。

### 4. 固定资产的全过程管理

医院固定资产投资，要充分考虑工作需要和财力可能，以及区域卫生规划，根据医疗任务、技术条件和配套设施，以及业务量的大小、收入的多少，充分考虑医院的地理环境、社会信誉、医院特色、医院形象等多种因素的影响。特别是大型医疗设备的购置，要进行充分的科学论证，并按国家有关规定报经政府有关部门批准后方可购置，防止盲目购置、重复投资、效率低下，造成有限卫生资源的浪费。

新建房屋要按照基本建设程序报主管部门审批，对经批准投资的固定资产要对设计、论证进行可行性分析，要本着满足需要与医院客观条件相适应的原则。进行固定资产投资决策后，要加强购建程序的管理和控制，成立专门组织对大型投资进行招标，财务、固定资产管理部门、审计、监察、专家共同参与，进行质量、价格、维修、服务等综合评价后确定。实行民主、公开、公平竞争的方式购建固定资产，固定资产投入使用要建立健全管理责任制，进行日常维护与定期维护，尽量延长固定资产的使用期限。对固定资产清理报废要认真核查，大型设备清理报废，要经有关部门鉴定，报经批准。

### 5. 建立健全固定资产各项管理制度

建立健全固定资产各项管理制度，应当重点建立健全固定资产三账一卡管理制度。三账一卡是指医院一般应分别设置固定资产总账、固定资产一级明细分类账、固定资产二级明细分类账和固定资产卡片。医院财务部门要设置固定资产总账，用于核算医院全部固定资产的原价，反映单位固定资产总价的增减变动和结存情况，又要按照不同用途和使用情况分类反映固定资产的占用情况，同时为了能按使用部门计提修购基金，还得按照使用部门科室对固定资产进行详细归类登记。

财产管理部门设置二级明细分类账，一般采用固定资产登记簿代替，固定资产登记簿按照固定资产类别分设账页，账内按照保管、使用单位设置专栏，每月按照各项固定资产的增减日期序时登记，以反映各类固定资产的使用、管理和增减变动及其结存情况。固定资产卡片一式三联：第一联由医院财会部门作为二级明细账的辅助账；第二联交物资管理部门器械科和总务科作为明细账；第三联随物交使用部门，科室保管。固定资产卡片一般以每一独立的固定资产项目为对象分别设置，每一对象一张，按照固定资产的类别和保管使用单位顺序排列，并记载该项固定资产的编号、名称、规格、技术特征、使用单位、启用日期、预计使用年限，停止使用以及清理等经济业务，根据有关凭证在卡片内进行登记。固定资产的卡片管理要做到物在卡存、物转卡移、物毁卡销。

大型贵重设备实行责任制是指定专人管理，制定操作规程，建立设备技术档案和使用情况报告制度，对违反操作规程人为造成损坏的要追查有关人员的责任，并进行经济惩罚。

财产物资管理部门要定期对固定资产进行清点、核实，并与财会部门核对，做到账账相符、账卡相符、账实相符。

### （二）固定资产管理的任务

#### 1. 固定资产投资管理

医院固定资产具有投资大、投资回收期长的特点，投资具有一定风险。为了使固定资产投资同医院的实际情况结合起来，减少投资的盲目性，要加强对医院固定资产投资的管理。

医院固定资产投资的管理程序，首先要提出投资方案，组织有关人员进行预测、论证、分析，报请政府有关部门进行审批后决策。固定资产投资要注意以下方面的问题：①投资是否符合区域卫生规划；②投资是否符合医疗市场的需求；③投资是否有利于提高诊疗水平；④投资是否与医院原有设备重复；⑤投资的社会效益和经济效益；⑥维修的难度和使用期限等。进行固定资产投资时，既要研究投资项目的必要性，又要分析技术上的可行性和经济上的合理性，以便采取最佳的方案进行投资。

#### 2. 固定资产投资的资金筹措

固定资产投资一般数额较大，固定资产一旦投资，将长期占用一部分资金，因此，筹措固定资产投资所需的资金也是固定资产管理的重要任务之一。医院筹措资金的渠道有多种形式，可以是国家投入、其他单位或个人投入，也可以是银行借款或职工集资等。但无论何种形式筹资，不仅要充分考虑筹资成本，还要考虑投资的社会效益和经济效益。

#### 3. 提高固定资产利用效果

固定资产是医疗服务活动的必要条件，加强固定资产的管理，完善固定资产管理制度，对保证固定资产的完整无缺尤其重要。通过管理，既能保证固定资产的使用性、技术性的良好，又能减少资金占用，充分发挥固定资产的使用效果。

#### 4. 正确计提与使用修购基金

为了正确核算医疗成本、药品成本，保证固定资产的更新换代，医院按各类固定资产使用年限和一定的比率计提修购基金。医院要正确地测算提取比率，按批准的比率计提修购基金。修购基金要专款专用，主要用于固定资产更新和大型修缮。

### 三、医院固定资产投资与管理

#### （一）投资购建固定资产的因素

医院根据工作需要和财力，认真研究、科学论证，编制年度固定资产采购计划，主管部门和财政部门批准后实施。投资购建固定资产必须考虑以下因素：

第一，固定资产技术上的先进性。技术上的先进性，是医院购建固定资产首先考虑的因素，只有购建具有先进技术的固定资产，才能适应或促进医学的发展。

第二，医疗质量的保证程度。质量是医院的生命，是人命关天的大事。医院购建固定资产，必须有利于医疗质量的提高。

第三，固定资产的购建成本。购建投资固定资产要进行充分论证，进行比较分析，以尽可能低的购建成本，取得较好的固定资产。

第四，固定资产的使用效益。购建固定资产，既要考虑技术上的可行性，又要考虑其使用效益，固定资产使用效益的高低，直接影响到医院社会效益和经济效益的高低。

第五，维修的难易性。由于现代科学技术向医学领域的渗透，医疗仪器设备日益现代化，维修在固定资产管理中日益突出，因而在购建固定资产时，必须考虑其可修性，要充分考虑到有关资料、技术、器材供应的可能性。

第六，固定资产使用期限指固定资产的物理寿命，其使用期限越长，其效益也愈好。

#### （二）固定资产投资的管理程序

##### 1. 提出资产投资的方案

医院处在社会主义市场经济的大环境之中，医疗市场也存在竞争。固定资产的投资应以提高诊疗质量为中心，增强自身的竞争能力，提出投资项目后，医院要专门组织有关人员对方案进行论证。论证要从以下方面着手：

（1）投资方案的目的、意义和必要性。

（2）预计投资额及投资发生的时间，估计投资后的收入及收入时间，考虑投资过程及资金回收过程中重大的影响因素，对投资方案进行可行性论证。

（3）对投资方案进行风险分析、评价。

（4）其他有关问题。

##### 2. 投资方案的审核、报批

投资方案提出后，经院领导审核，主要审核投资方案对提高医院诊疗水平、提高竞争力、提高社会效益和经济效益的作用。根据审核的结果，报卫生主管部门审批。

### 3. 投资方案的决策、执行

根据主管部门审批意见对方案做出决定，或批准，或否定，或重新进行研究。

投资方案被批准后，交由有关部门负责执行，在购建过程中要严格控制与管理，减少投资成本，节约资金。

### 4. 投资方案的再审议

在固定资产投资方案的执行过程中，有关人员应继续审查决策时的信息有无变化等有关各种因素的变动，重新决定投资方案是否停止等。

### （三）固定资产投资决策的对比方法

在购建固定资产时，一般有多种方案可供选择，这就要进行综合评价。通过对几种方案的对比分析，选择最优方案。

### 1. 投资回收期法

投资回收期是指购建某种固定资产的方案执行后所产生的每年平均现金净流量来偿还最初全部投资所需的时间。

医院对固定资产进行投资以后，每年要从这项投资中获得收益，提取修购基金，并获得相当于收益和修购基金之和的货币资金，这部分货币资金即是现金净流量。它是全年货币资金收入扣除货币资金支出后实增的货币资金。

当投资获得收益和计提的修购基金等于投资额时，即表明投资已收回，这段回收投资资金的时间即为投资回收期。在固定资产使用期一定的情况下，投资回收期越短，投资风险越小，效益越好。反之，投资风险大，效益较差。

投资回收期可用来评价投资的经济效果，投资回收期越短，说明投资的经济效果越好。这种方法计算方便简单，不能充分考虑货币的时间价值，往往会使算出的投资回收期比实际要短，易使决策发生错误，因此，这种评价法，只能供投资决策时参考。

### 2. 投资收益法

将固定资产投资交付使用后预计可能达到的年平均收益额与投资额相比，即为投资收益法。

### 3. 费用换算法

运用这种方法，首先要了解不同固定资产在购建时支付的最初一次投资费用，然后估算不同固定资产在使用中平均每年必须支出的卫生材料、其他材料、能源消耗、维修保养费用等，这些费用总称为维持费。

（1）年费用法。运用这种方法，首先把购建固定资产一次性支出的最初投资费用，依据固定资产的寿命期，按复利率计算，换算成相当于每年费用的支出，然后加上每年的维持费得出不同固定资产的总费用，进行比较分析，选择最优方案。

（2）现值法。就是将当年的维持费用通过现值系数换算成相当于最初一次投资数额，而最初一次固定资产投资费不变。

净现值也可以将某项固定资产的投资额和它的收益都折成现值，以现金净流量的现值，减去投资后的净现值，进行比较分析，从而选择最优方案。投资方案的净现值为正数，正数值越大，采用此方案的优越性越大，反之为负数，不应采取。

### （四）固定资产的购建管理

固定资产购建要成立专门组织，由财务、审计、监察以及专业人员、物资管理部门组成采购小组，实行公开、竞争方式确定供应厂商。购入固定资产应当组织验收，专业设备应当会同有关专业技术人员参加验收。经验收合格后办理入库手续，并登记固定资产明细账，同时登记固定资产卡片。财务部门对新增加的固定资产要参加验收工作，清点数量，查看新增实物与凭证所列数量是否一致、所附备件是否齐全，审查无误后编制记账凭单，记入固定资产总账。

基建投资建设的固定资产，应按有关规定进行招标，确定建筑公司，健全工程进度、质量、记录、登记等制度。交付使用时，施工单位应当按照规定办理基本建设竣工决算，并编造完工清册，按照规定将有关技术文件交给医院。医院会同建设质量管理部门组织验收，验收合格后，对决算进行审计。双方认定后，资产管理部门填制验收单，一式三份，一份物资管理部门留存，一份交财会部门作为记账依据，一份物资会计记账。

自制固定资产是指医院自行加工建造制作的固定资产，医院自行加工制作固定资产前应当先编制计划，与市场进行比较，看是否合算。自制的固定资产完工后应组织验收，核算成本费用，检查是否超过计划、有无浪费现象，验收合格后，办理入账手续。

在建工程的管理。在建工程支出是指固定资产新建工程、扩建工程、大修理工程等在交付使用以前发生的各项支出，它是各项实际耗费总和的货币表现。既表明施工工程全部工作质量的综合性指标，又反映着施工经济活动各方面工作的结果。要充分发挥财务管理的控制监督职能，使在建工程成本支出合理化。通过加强在建工程的管理，可以使承包方严格履行合同，降低工程造价，缩短工期，提高工程质量。通过工程支出的实际数与计划数的对比，了解工程进度，及时发现施工进程中存在的问题，以便总结经验，掌握工程支出变动原因，寻求节约开支的途径。在建工程竣工交付使用后应办理有关固定资产验收手续。

### （五）固定资产的使用管理

医院应当加强固定资产使用的管理，建立健全固定资产使用制度，制定操作规程，制定维护、保养制度，编制维修计划，建立定期巡回检查制度等。物资管理部门要经常深入科室了解固定资产使用情况。贵重仪器设备应指定专人负责、专人操作。固定资产损坏，要查清责任，报请领导研究处理。加强对固定资产的日常维护及保养工作，定期进行检修，减少固定资产的非正常报损。对人为造成固定资产损坏的，要对责任人进行严肃处理。

### （六）固定资产的清理报废与转让管理

#### 1. 固定资产的清理报废

固定资产报废是指固定资产由于长期使用中的有形磨损，达到规定使用期限不能修复继续使用，考虑到由于技术进步形成的无形磨损，使得必须用新的或者更先进的固定资产予以替换时，对原有固定资产按照有关规定进行的产权注销行为。

对固定资产的报废，要严格掌握，慎重处理。对清理报废的固定资产，要认真核对实物，核对与申请报废的固定资产清单所列内容是否一致，防止产生漏洞。对贵重仪器设备报废应经有关部门鉴定，报主管部门或国有资产管理部门、财政部门批准。固定资产报废应查明是正常报废，还是由于保管、使用、维护不当造成报废，要找出原因，分清责任，认真加以处理。固定资产报废清理、盘点，要由院领导批准，由有关人员参加处理，变卖收入要交财会部门。

#### 2. 固定资产的转让管理

固定资产的转让是指医院占有或使用的、闲置的或者不适用的固定资产按照有关规定进行产权转让、产权注销的行为。固定资产转让分有偿转让和无偿转让两种。

大型、精密贵重的设备、仪器报废和转让应经有关部门鉴定后，报经主管部门、财政部门批准后，其变价净收入转入修购基金，固定资产清理费用记入修购基金。

转让固定资产时，要认真审核调出、转让手续，查对实物，对数量短缺或附件、部件不全的设备，要认真查实，配齐后移交。其专用技术资料要随同调出转让设备一并移交，以便使用单位维护和保养。转让固定资产要根据设备的新旧程度和完好情况，按质论价，并办理固定资产的交接手续，财务和物资管理部门按手续同时冲减转让固定资产原值。

总之，固定资产清理报废和转让，一般经单位负责人批准后核销。

### （七）固定资产的清查盘点

医院应定期不定期地对固定资产进行清查盘点，年度终了前应当进行一次全面清查盘点，成立领导组织，由财务、资产管理、审计等有关部门和人员参加。清查盘点内容包括查明固定资产的实有数与账面结存数是否相符，固定资产的保管使用、维修等情况是否正常等，了解有无固定资产长期闲置、使用不当的情况，有无保管不妥、维护不够精心的情况，管理制度有无不够健全之处等。通过清查盘点，及时发现和堵塞管理中的漏洞，妥善处理和解决出现的各种问题，制定相应的改进措施，保证固定资产的安全与完整，做到固定资产的账实相符。

对清查盘点中发现固定资产盘盈盘亏的，要认真查明原因，划清责任，并加以处理。固定资产盘盈的，经批准后按同类固定资产价值或重置完全价值增加固定资产和固定基金。固定资产盘亏及毁损，按规定的审批程序报经批准后，扣除变价收入、保险公司和过失人的赔偿后，冲减固定基金。

## 四、医院固定资产的控制和分析

### （一）固定资产控制

固定资产控制，就是在日常工作中，对固定资产的形成、投资、使用、保管、维修、清理、报废等进行记录检查、控制与监督，是医院管好用好固定资产，提升固定资产利用效果的重要手段。

第一，建立健全固定资产管理责任制。固定资产实行统一领导、归口分级管理。医院院长负总责，财务部门统一管理，财产管理部门按固定资产类别归口管理。专业设备由器械科负责，其他固定资产由总务科负责，落实到科室、个人，并同岗位责任制结合起来，使医院的固定资产层层有人负责、物物有人管理，形成一套严格的管理系统。

第二，固定资产投入的控制。由于固定资产占用资金多、周转时间长、变现能力低、投资风险大，因此对固定资产投入量的控制十分重要。要严格按照程序对固定资产投资进行论证、分析、预测和决策，合理确定固定资产投入量，既要防止固定资产投入不足影响医疗业务活动的开展，又要防止固定资产投入量过多，造成固定资产闲置浪费。

第三，固定资产使用的控制。加强固定资产使用的控制，要分析固定资产的结构状况，了解使用结构是否合理，提高固定资产在用的数量，减少未使用固定资产数量，充分发挥固定资产的效能，提高设备利用效率，延长有效工作时间，提高专业设备占固定资产的比重，压缩其他固定资产的比重，提高诊疗水平。

第四，固定资产修理的控制。固定资产的修理是维持固定资产使用性能的必要条件。要建立健全定期不定期维修保养制度，处理好大修、中修、小修的关系，做好日常的维护和保养。

### （二）固定资产增长变动分析

主要计算固定增长率、更新率、退废率等指标，借以考查固定资产增长程度、更新程度和退废程度。①固定资产增长率，是指本期净增加固定资产原值与期初固定资产原值的比率；②固定资产更新率，是反映固定资产更新程度的指标；③固定资产退废率，是指医院在一定时期内报废清理的固定资产总值与固定资产总原值的比率。它反映固定资产丧失功能的退废①程度。

---

① 与报废近义。

# 第五章 信息时代医院档案管理的信息化建设

## 第一节 医院体检档案信息化建设的系统设计

体检测量是目前针对健康信息采集的重要过程，分为主观采集法和客观采集法。健康调查问卷、体检咨询以及医生问询等均属于主观采集法；而借助医疗设备、仪器监测对体征指标数据进行记录的过程属于信息的客观采集法。

### 一、医院健康体检档案指标体系

#### （一）健康体检的档案指标

#### 1. 健康体检档案指标的类别划分

健康指标作为健康检测与评价信息互通的有利对象，充任提供健康信息情报和信息反馈的角色。健康体检是指通过医疗技术和办法对被检者的身体施行检查，认识被检者的健康体态，及早发现疾病隐患和亚健康征兆的义诊行为。健康体检档案指标将体检档案信息数据库中反映的体检指标类别进行了划分：①包括群体健康丈量的标准和个别健康丈量标准的"单一标志"，如死亡率、发病率等；②将多个单一指标所反映的情况结合起来的"综合指标"，如生存质量指数、心理量表评分等；③健康调查和健康管理常用的健康指标，如生活质量指标、死亡指标、残疾指标等。

#### 2. 健康体检档案指标的选取原则

体检档案数据库的原则划分有很多种，针对我们数据库建立所用到的健康体检指标筛选涉及的原则如下：

（1）目的性。这是体检行为追求的初衷，也就是说体检的指标体系是围绕着体检的目的来进行结果筛选和项目设置的。

（2）科学性。体检指标及检测流程要符合科学依据，要反映受检人员的健康实况，必须有科学性原则作为支持。

（3）可比性。因为考虑到各个项目具备一定的共同特点，对共同可比的体检指标内容尽可能量化地进行分析和比较。

（4）简明可行性。由于健康体检的目的是筛选身体的健康疏漏，在早期发现问题，所以检查手段不能太过复杂，而要尽可能地将可操作性增强，以便专家理解掌握。

### 3. 健康体检档案指标的选取标准

健康体检档案指标的选取标准是能够满足重要健康尺度丈量权威性、时效性的要求。清晰并有层次的健康体检档案指标方便诠释并可以对质量实行监控。调用的准表信息可以从国家、地区、卫、计、体检中心获取并有效使用。

健康体检的选取标准就是高可靠度和高权威性，目的是实行良好的交流互通和运行。而高效的数据收集、整合与分析，是保障健康体检选取标准的关键。

### （二）健康体检测量与档案指标的运用

"健康体检档案是医院档案的重要组成部分，医院应当高度重视对健康体检档案的管理工作，并能科学运用现代化技术手段全面提升档案管理质量。"[1] 健康体检档案中的健康体检测量与评断标准系统，是随着人们对于健康观念的了解不断提升的。随着健康评价准则的逐渐统一与融合，其实际应用主要体现在以下三个方面：

第一，在国家级区域国民健康调查中的运用。国民健康调查对健康体检数据的采集和信息化管理做了重要的铺垫，是档案信息系统管理的先决条件。如今，全民健康信息化标准体系已然形成，推进了公共卫生、基层医疗卫生等信息系统与区域全民健康信息平台规范连接，实现区域内数据整合共享。

第二，国人健康体检档案指标体系的构建及应用。运用科学的健康多维度测量概念和方法研究构建的国人健康指标体系研究解决了健康体检指标体系的测量维度和具体健康评价指标选取的科学性（循证证据）、先进性（现代生物技术与信息技术的集成性）、适宜性（指标的认同性和可接受性）。

第三，在健康体检及慢性病早期筛查中的运用。通过运用现代健康测量概念和多维度健康评价体系研究制定我国成人健康体检项目目录，对指导我国各级各类医疗机构开展健康体检服务和慢性病早期筛查起到必要的作用。据此我国医疗学会健康管理分会及《健康管理》报刊机构专业团队发表了《健康体检项目专员共识》，它是健康监测和健康体检指标体系的成功运用。

---

① 黎鹍. 基层医院当前健康体检档案管理存在的问题及对策 [J]. 中小企业管理与科技（上旬刊），2020（03）：31.

## 二、医院体检档案信息化整合系统的设计

### （一）体检档案信息化整合系统的体检流程

体检当天，到前台登记，领取条码和体检指引单。如果是个人体检者，前台登记基本信息，到门诊缴费，缴费成功后，再在系统中建立个人档案、录入个人详细信息，打印出条码和体检指引单。体检者根据指引单的说明，做职业问诊和各个科室检查，医师在体检完成后，将体检结果录入系统中；到抽血室抽血，体检工作人员将条码贴到对应血样上，并在系统中确定取样成功，系统自动把体检者信息和血样上传到系统。需要做尿常规的体检者，在前台领取尿瓶，将尿常规条码粘贴在尿瓶上，将尿液样本放到规定处，尿常规条码中显示当日流水号，体检工作人员根据这个流水号提交样本信息到系统，最后将样本统一送到化验室，系统扫描条码，获取体检者信息，化验完成后，返回数据再上传到职业健康体检信息系统。

所有体检信息录入完成后，主检医师审核完所有体检结果后，做职业健康检查报告和职业健康监护评价。如果是团体体检，主检医师还要做一份单位总结报告。如果体检者有复查项目，主检医师要下复查单，通知体检者来复查，其中复查最多三次。打印室打印体检报告和单位总结报告，如果有异常，则需要把体检结果也打印处理，然后通知个人或单位来领取。

### （二）体检档案信息化整合系统的功能设计

#### 1. 整合系统的业务模块

业务模块包括预约、前台登记、个人信息管理、档案建立、职业问诊、取样、科室录入、医师审核、报告打印发放和查询。

（1）预约。单位预约须提交单位名称、负责人和联系方式、接触的职业病危害因素种类，接触人数，健康体检人数，体检套餐选择，检查时间、地点。默认地点为本院，如有特殊情况，需要外出体检的，需要注明外出地的具体地址。提交成功后，体检管理人员查看可以看到预约信息，然后联系单位负责人，签订委托协议书，给单位负责人设置一个账号，用于提交单位信息、体检人员信息和查询单位体检结果。单位基本资料包括工作场所职业病危害因素种类和接触人数、职业病危害因素监测的浓度或强度资料；产生职业病危害因素的生产技术、工艺或材料，职业病危害防护设施，应急救援设施及其他有关材料。体检者个人基本信息资料包括：姓名、性别、身份证号、接触危害因素，单位、体检日期。体检人员信息可以从界面一个个录入，也可以下载 Excel 上传模板，批量导入系统，提交成功后，打印每人的预约单，预约单内容包括：体检者姓名，性别、身份证号，单位、体检日期等。

（2）前台登记。如果是单位预约体检，体检者拿着单位发的预约单和身份证到前台

登记，工作人员审核预约单的身份证号与体检者提供的身份证号是否一致，最后采用身份证阅读器检索系统，同时将预约的个人信息建立的个人档案追加到正式表，同时为每个人进行现场照片采集。

如果是个人体检，录入基本信息，选择收费项目及金额，职业健康体检信息系统将信息导入医院系统，体检者到门诊缴费，缴费完成后，系统再将缴费信息导入本系统。采用身份证阅读器检索系统，如果此人已存在，进行现场照片采集，选择相应体检套餐，建立档案。

无论是单位预约体检还是个人体检，如果用身份证号检索为空，则需要新建人员信息，同时采集照片信息。最后根据选择套餐中的体检项目，打印出指引单，体检者拿指引单到各科室进行体检。

（3）个人信息管理。身份证号是个人信息的唯一标示，审核预约提交的人员信息时，如果预约的人员在系统中找不到对应的身份证号，则新建人员信息。如果是个人体检，人员信息需要新建时，则采用身份证阅读器获取信息。

个人基本信息包括五类：

第一类，个人资料：包括姓名、性别、出生年月、出生地、身份证号码、婚姻状况、教育程度、家庭（通信）住址、现工作单位、联系电话等信息。

第二类，职业史：包括起止时间、工作单位、车间（部门）、班组、工种、接触职业病危害（危害因素的名称，接触两种以上应具体逐一填写）、接触时间、防护措施等。

第三类，个人生活史：包括吸烟史、饮酒史、生育史等。

第四类，既往史：包括既往预防接种及传染病史、药物及其他过敏史、过去的健康状况及患病史、是否做过手术及输血史、患职业病及外伤史等。

第五类，家族史：主要包括父母、兄弟、姐妹及子女的健康状况，是否患结核、肝炎等传染病；是否患遗传性疾病，如血友病等。其中个人资料和职业病史是必须填写的。单位可以提前领取信息单发给体检者填好，体检当天交给体检科。

（4）档案管理。根据体检者接触的危害因素，选择对应的体检套餐，建立档案，打印档案号条码贴到指引单上。档案号是每条档案的唯一标示，档案号的编码规则为：年、月、日＋日流水号。

（5）取样。

第一，血液样本。体检者到抽血室进行抽血取样，工作人员根据体检者提供的条码，抽血至相应的血管中，并将条码粘贴到对应的血样中，进入系统抽血室菜单，通过扫描体检者指引单上的档案号条码，检索到体检者所有血样列表，勾选抽血的血样，确定提交，这样就能将体检者的基本个人信息和血样信息同时上传到医院系统，默认血样是全选的。

第二，尿液样本。尿常规条码系统中除了记录体检者基本信息和检查项目外，还包括当天打印尿常规条码的流水号，并显示在条码上，需要做尿常规的体检者，在前台用尿常规条码换取尿瓶，体检者采集尿液后将尿常规条码贴在尿瓶上放到规定处，体检工作人员登系统"尿常规采样"菜单，勾选所有尿瓶中的数字，确定提交，这样就能将体检者的基本个人信息和尿液信息同时上传到医院系统。

（6）科室检查。职业检查体检信息系统按功能科室分为内科、外科、眼科、耳鼻喉科、口腔科、皮肤科、神经科、心电图、B超、X光、肺功能、纯音测听、血常规、尿常规、生化、病毒性肝炎血清标志物等。检查医生进入相应的科室菜单，扫描档案号条码，页面显示本科室体检者要做的所有体检项目。项目具有正常结果单位默认，下拉菜单选项或小弹出框选项（单位下拉菜单选项，可以进行鼠标选择，也可以键盘录入），结果极限值自动判定、数值结果偏高偏低自动提示、阳性结果自动标记、自动产生科室小结、医师默认登录者等各种常用功能，使医生能够简单、高效、正确地录入检查结果。

（7）主检审核。如果体检者档案选择套餐为组合套餐，表示接触多种危害因素，每一接触危害因素要有独立的审核报告。主检医师进入审核搜索页面，扫描档案条码进行检索，如果是组合套餐，显示当次体检所有组合的分套餐列表，每一份套餐对应一种危害因素，然后逐一进行审核。如果是单个套餐，直接进入审核页面。审核页面分科室显示此套餐对应的所有体检结果，科室小结汇总、异常值汇总。

主检审核包括体检项目及结果、体检结果处理（复查、诊断、治疗、禁忌证调离等）和卫生保健措施（职业病教育、个人卫生及防护、定期体检、毒害作业工人医疗管理等）三大类；个人体检报告必须确定每个人的结论，结论以下拉列表形式表示：目前未见异常、需要复查、疑似职业病、职业禁忌证和其他疾病或异常，默认为目前未见异常。

（8）复查。当主检医师审核时发现异常需要复查，需要下复查单，选择复查项目和复查时间，并且最多只能下三次复查，复查的具体项目可以分别选择，也可以把项目按科室打包选择，查询人员进行当天复查查询，打印出复查单，通知体检者按时来复查。复查结果录入"复查"页面。

（9）报告打印发放。体检报告完成后，就可以进行报告打印。对于个人体检报告打印，根据姓名、身份证号或者体检档案号获取个人报告内容进行打印，打印完成后，报告状态变成"已打印"。单位体检报告可以根据单位名称，获取本单位下的所有体检报告，勾选需要打印的报告实现批量打印，并将报告状态置位"已打印"。所有打印出来的报告，主检医师都要签名。个人或单位领取报告单后，报告状态置位成"已领取"。

（10）查询。进入"档案查询"页面，可以按名称、身份证号码、档案号查询个人信息和档案信息，如果检索单位，可以查询到单位下所有人的体检列表以及体检单位总结报告。单位负责人可以查看本单位下的所有体检信息。

### 2. 整合系统的统计模块

统计报表包括单位汇总统计、年度单位统计、年度单位病种统计、体检汇总统计、科室工作量统计、医生工作量统计、日工作量统计、预约统计、化验异常统计和化验数据统计，每个汇总列表都可以 Excel 导出。

（1）单位汇总统计。按单位预约提交人员统计预约人数、受检人数、接触危害因素、发现疑似职业病、职业禁忌证和其他疾病的人数和汇总名单、处理建议。

（2）年度单位异常统计。按年度统计单位总体检人数、目前未见异常人数、需要复查人数、疑似职业病人数、职业禁忌证人数、其他疾病或异常人数，每种人数都要链接，点击进入所对应的人员列表，点击人员姓名链接，进入此人的所有本年度下所有体检档案信息。

（3）年度单位异常统计。按年度统计、单位、所有接触危害因素进行病种统计，每种危害因素都对应其相应的病种。

（4）体检汇总统计。统计体检中心年度所有体检人数、患有职业禁忌证人数、疑似职业病人数以及所对应的人员列表，人员列表包含人员姓名、身份证号、单位、档案号、体检套餐、接触危害因素、体检报告结论等。

（5）科室工作量统计。科室工作量统计即按时间段统计内科、外科、神经系统科、眼科、口腔科、耳鼻喉科、皮肤科、胸部 X 光、心电图、肺功能等科室的体检数量。

（6）医生工作量统计。医生工作量统计即按时间段统计每个医生体检数量。

（7）日工作量统计。日工作量统计即统计每日体检中心体检人数、体检套餐。

（8）预约统计。按时间段统计预约的人数、预约套餐、预约危害因素、预约单位、预约时间。

（9）化验异常统计。化验异常统计即按时间统计数据系统中异常项目、异常值、异常标识、对应体检者。

（10）化验室数据统计。化验室数据统计即按时间统计体检中心提交的化验项目、实验室信息管理系统返回的化验项目、实验室信息管理系统未返回的化验项目。

### 3. 整合系统的维护模块

系统维护包括：科室维护、体检项目维护、项目单位维护、选项维护、项目价格维护、套餐维护、危害因素维护、危害因素问诊项目维护、危害因素对应病种维护、实验室信息管理系统对应项目维护、结论模板维护、单位维护和工种维护。

（1）数据字典维护。数据字典维护包括科室维护、体检项目维护、项目单位及选项维护、项目价格的维护。

（2）体检套餐维护。分套餐名称命名规则：年份＋单位＋接触危害因素（在岗状态），年份、单位为可选项。

（3）接触危害因素维护。危害因素相关维护包括：危害因素维护、危害因素问诊项目维护、危害因素对应病种的维护、危害因素对应职业病维护、危害因素对应禁忌证维护。

（4）实验室信息管理系统对应项目维护。职业健康体检系统与医院检验实验室信息管理系统进行接口时，职业健康信息系统与医院系统体检项目存在对应关系。

（5）结论模板维护。主检医师审核时常用到的结论模板的维护，主要包括常见异常及建议、常见危害因素及处理意见。

（6）其他维护。其他维护包括单位维护和工种维护等。单位可以是树形结构，允许有上层单位和下次单位，同时一个单位最多有三层子节点。

### 4. 整合系统的管理模块

（1）工作组设置。常见的工作组为：总管理员、各科室医生、护士长查询、前台登记、主检医师、取样室、单位负责人等，每个工作组分配其相应的功能。

（2）用户权限设置。用户权限设置即为每个用户分配一个或多个工作组，根据用户名和密码进入系统，显示对应工作组的功能菜单。

（3）日志管理。日志管理即对体检每个数据表的增、删、改、查做日志维护。

（4）数据库备份。数据库备份即设定定时定期任务，对数据库做备份。

## 三、基于档案数据库的用户健康管理

健康的决定权掌握在我们自己手中，健康管理是使人们的被动健康管理转换为主动管理，利用信息技术和档案管理，协助人们科学地复原健康、维持健康、促成健康。

健康管理就是应对较为健康的人群、患有疾病的群体和患有大病的群体，利用相近的信息技术，采用差异的记录和追踪的方法来认定并清除健康危害因素，以达到维持和促成健康的目的。认定并清除健康危害因素，这是当下档案数据和诊疗卫生系统所拥有的功能，而这些大都是国人健康迫切需要的，而健康档案代表的是先进的生物—心理—社会环境医学模式对整个健康事业的推动，因此这是健康管理的实质。

### （一）电子档案的保管

通过医院建立永久性的个人电子健康档案来对每一位用户进行健康管理的构想在档案系统逐渐形成，档案中囊括的体检数据、家族遗传史、日常习惯、餐饮情况、活动情况、个人疾患史及主治处方等全部与健康关联的信息都会十分详细地记录在案，为日后的健康管理和信息调用做好充分的准备。方便用户对自我进行健康规划，为用户在国外就医保障信息提调的前提。

### （二）制订个性化健康改善计划

我们根据档案信息帮助用户制订健康改善计划，针对健康风险评估的结果，按照档案数据的指引和规划，并根据用户个体的自身情况制订健康管理计划。健康改善计划的制订和指导服务对象实施是实现健康管理的关键。目前，健康改进计划多数设定在膳食营养与运动项目上，并根据档案内储存的疾病信息和数据记录情况，对相应不合理生活方式以及饮食习惯的干预都是根据个体情况在干预追踪中进行落实。

根据档案中出现的疾病提出个性化生活习惯的建议。例如，个性化膳食处方。根据服务对象当前健康与运动情况，建议一日三餐应摄取的热量及食物搭配、分量描述及等值食物交换的选择等。

根据档案中改善疾病现状的建议建立个性化运动处方。根据服务对象当前健康状况，建议一周运动计划，给出不同运动内容的建议运动方式、运动频率和运动强度。

我们可以为每一位在档用户配备健康管理师，而健康管理师会根据档案的内容为用户进行健康计划指导咨询。至少对服务对象提供一次面对面专家健康咨询，讲解健康风险评估结果和健康改善计划。

### （三）基于档案信息改善健康的方法

档案信息系统是集信息化、智能化、服务一体化于一身的多功能信息服务系统。在医务人员和系统维护人员将体检者的体检信息数据录入、核对并正式上传系统后，系统会自动给予受检者正确的健康改善计划。其中包括饮食习惯的改善建议、生活作息的调整建议等，使用户在提供了自己的档案为医疗事业贡献的同时也获得了专业的建议和贴心的服务，这也是我们设立档案信息管理系统的初衷，希望所有参与者的健康真正得到改善，真正做到全民健康。如根据体检档案信息管理系统，建议高血压患者保持低盐饮食、健康的生活状态还有良好的心态；根据档案信息管理系统，建议脑卒中患病人群及时地控制血压、血脂、血糖，适当减重以及减少吸烟饮酒的次数。

# 第二节　医院档案信息化建设的管理与创新

## 一、医院档案的收集管理与创新

### （一）医院档案收集——立卷归档

立卷归档是医院档案工作的第一个环节，立卷归档工作做不好，直接影响档案管理的其他环节。立卷是将单份文件组合成案卷的工作。各单位在工作活动中形成的具有保存价值的文件材料，由单位的文书部门或业务部门整理立卷，定期移交给档案室或负责管理档案的人员集中保存，这项工作称为归档。

国家规定不得归档的材料，禁止擅自归档。机关应建立健全文件材料的归档制度。凡机关工作活动中形成的具有保存价值的文件材料（包括党、政、工、团以及人事、保卫、财会等工作中形成的文件材料），均由文书部门或业务部门进行整理、立卷，并定期向档案部门归档。机关领导人和承办人员办理完毕的文件材料应及时交有关部门整理、立卷。

文件归档是指各单位处理完毕的具有保存价值的文件，经文书部门或承办部门整理立卷后，定期向档案室或档案人员移交的过程。在一个具体的单位中，文件归档是一项涉及文书部门和档案部门两个部门的工作。文书部门在文件归档中主要做的工作是对处理完毕的文件进行鉴定和整理；档案部门在文件归档中要做的工作则是接收文书部门移交的案卷。

### 1. 医院档案的归档制度的分析

在我国归档工作已成为一项制度，对国家规定的应当立卷归档的材料，必须按照规定，定期向本单位档案机构或者档案工作人员移交，集中管理，任何个人不得据为己有。收集工作主要是依靠建立健全归档制度来完成的，主要包括明确归档范围、确定归档时间、制定归档份数、履行归档手续和满足归档文件要求。

### 2. 医院档案的归档文件范围

（1）上级来文。上级来文包括需要贯彻执行的上级重要会议文件；上级业务主管部门的法规性文件；上级视察工作形成的文件资料；代上级草拟并被采用的文件；上级单位转发本单位的文件等。

（2）本单位形成的各种文件。本单位形成的各种文件包括：本单位代表性会议、工作会议和专业会议的文件资料；本单位颁发的各种正式文件的签发稿、修改稿、印刷本等；本单位的请示与上级的批复；反映本单位业务活动和科学技术的专业文件材料；本单位或本单位汇总的统计报表和统计分析资料及财务资料；本单位领导人公务活动中形成的重要信件、电报、电话记录；本单位成立、合并、撤销、更改名称、启用印信及其组织简则、人员编制等文件材料；本单位（本行业）的历史沿革、大事记、年鉴、反映本单位（本行业）重要活动事件的简报、荣誉奖励证书、有纪念意义和凭证性的实物和展览照片、录音、录像等文件材料；本单位（包括上报和下批）干部任免（包括备案）、调配、培训、专业技术职务评定、聘任等文件材料；本单位财产、物资、档案等的交接凭证、清册；本单位与有关单位签订的各种合同、协议书等文件材料；本单位外事活动中形成的材料等。

(3) 下级报送的文件。下级报送的文件包括下级单位报送的重要的工作计划、报告、总结、典型材料、统计报表、财务预算、决算等文件；直属单位报送的重要的科技文件材料；下级单位报送的法规性备案文件等。

(4) 相关文件。各种普查工作中形成的文件材料，按有关规定应该归档的死亡干部的文件材料；同级单位和非隶属单位颁发的非本单位主管业务但需要执行的法规性文件；有关业务单位对本单位工作检查形成的重要文件；同级机关和非隶属单位与本单位联系、协商工作的文件材料等。

### 3. 医院档案的归档时间确定

(1) 管理文件。一般在形成的第二年上半年内向档案部门移交归档。科技文件，根据文件形成的具体情况有不同的要求。一般有五种情况：①按项目结束时间归档。②按工作阶段归档。③按子项结束时间归档。大型项目或研究课题，通常由若干子项组成，这些子项相对独立，工作进程也不尽相同。当一个子项工程结束后，所形成的文件可先行归档。④按年度归档。对活动和形成周期长的科技文件或作为科技案保存的科技管理性文件，一般按年度归档。⑤随时归档。对于科技文件复制部门和科技档案部门合一的设计单位的施工图、机密性强的科技文件、外购设备的随机材料以及委托外单位设计的科技文件等，应随时归档。

(2) 会计文件。在会计年度终了后，暂由企业财务会计部门保管一年，期满后移交给档案部门保管。

(3) 人事文件。一般应在办理完毕后的 10 天或半个月内向档案部门归档。对于一些专业性强、特殊载体形式的或机密性强的文件，驻地分散的下属单位的文件，形成规律较为特殊的文件及新时期涌现出来的企业文件，为了便于实际利用和管理，经过一段时间的实践和总结，可适当地调整归档时间，既要便于企业工作人员在文件形成后一定时间内就近利用，也要便于有保存价值的文件及时归档。

### 4. 医院档案的归档份数管理

归档份数是指企业文件归档数量，凡是需要归档的文件一般归档一份，重要的、使用频繁的则需要归档若干份。关于归档份数的管理规定不宜过于笼统，也不能过于简单划一。

### 5. 医院档案的归档手续管理

编制移交清单一式两份，交接双方按移交清单清点案卷。移交清单清点无误后，双方在移交清单时填写有关项目并签字，各留一份，以备查考。科技档案还须编写归档文件简要说明，由归档人员编写。一般包括的内容：项目的名称和代号，项目的任务来源、工作依据和实施过程，项目的科技水平、质量评价和技术经济效益，科技档案质量情况，项目主持人及参与者姓名和分工，文件整理者和说明书撰写人姓名、日期等。

### 6. 医院电子文件的归档管理

电子文件归档是将经过初步整理登记的具有保存价值的电子文件，从计算机或网络的存储器上拷贝或刻录到可移动的磁、光介质上并移交至档案室（馆）以便长期保存的工作过程。

（1）电子档案的特点。在单位的计算机信息处理系统中，电子档案是作为管理或经营信息而被保存起来的。它的作用主要表现为两个方面：

第一，对于管理或经营活动来说，它是重要的原始凭证，是单位工作目标实现情况的记录，是单位历史面貌的一个组成部分。

第二，对于单位的信息系统来说，电子档案是这个系统信息资源的组成部分，它可以直接转化为数据库、资料库中的信息，它是各种信息补充、更新或再生产的重要来源，是系统正常运行的信息保障。电子档案是电子文件的转化物，具有电子文件的所有技术特性。因此，在管理上它与传统档案有很大差别。

电子档案的特点如下所述：

保管位置较分散：电子档案不可能按照上述方式集中管理，它的相当一部分是通过档案部门掌握其逻辑地址而进行控制；有些部分是通过下载将信息转移到保存介质上而集中于档案部门；还有一些电子档案是采用在线集中，即将信息转移到档案部门指定的地址中进行管理。电子档案管理相对分散且形式多样的特点，加大了管理的复杂程度。

保管技术程度高：电子档案的生命是由载体、信息和系统三个部分所构成的。这三个部分的存在和影响因素不一致，也不同步。它们之所以能够构成完整的电子文件或电子档案，是人们通过一定的技术手段将其联结在一起的。电子档案的载体磁盘是化工制品，老化、污损等都会影响它的质量，从而破坏信息记录；电子档案信息易受误操作、恶意更改或病毒的侵害；计算机软、硬件系统的升级换代会造成原有环境下生成的文件无法被识读和利用。对上述三个方面因素进行管理和控制的难度远远超过了对传统档案的管理，是信息化环境下原始记录保管的重大课题。

信息再利用即时性强：电子档案信息在计算机网络系统中再循环的即时性强。传统档案信息在现行活动中的转化方式有两种：①在单位使用档案的过程中将有关信息提取出来，融入现行文件当中；②档案部门编辑一些档案参考资料，提供给单位使用。前一种方式的信息使用过程具有一次性；后一种方式的信息虽专题性、系统性强，但转化过程慢，时效性较低。在计算机网络系统中，电子档案信息可以同时以不同的形态分流，即电子档案归档的同时，那些具有数据价值的信息被数据库采集，有资料价值的进入资料库，又成为新的电子文件的来源。

可以在线利用：电子档案的利用可以采用非在线方式，但是更多情况下是采用在线方式。电子档案在线利用的方式对于用户来说基本上摆脱地域和时间限制，调阅文件主动性强、批量大和表现方式多，使文件查找速度快，可以实现信息或数据的共享，因此这种方式能够充分发挥信息系统的优越性。由于在线利用是一种信息管理者与用户非接触式利用方式，所以，利用过程中的信息真实性证实方式、信息复制和公布的权限、信息拥有者及内容涉及者权益的保护等问题，都需要在管理中加以解决。

（2）电子档案的归档方式。

第一，物理归档方式。物理归档包括介质归档和网络归档两种方式。介质归档是指文书部门将电子文件下载到存储介质上移交给档案部门；网络归档是指将电子文件通过网络直接传输给档案部门进行存储。物理归档可以实现档案的集中管理。

第二，逻辑归档方式。逻辑归档是指文件形成部门将归档文件电子档案的逻辑地址通知档案部门，从而使档案部门实施在网络上控制与管理电子档案的归档方式。经逻辑归档后，电子档案的物理存在位置不会改变，也杜绝了文件形成部门对电子档案进行修改和删除等情况的发生。

第三，"双套制"归档。"双套制"归档是指采取物理归档或逻辑归档的电子档案，同时制成纸质档案予以归档的方式。目前，采取"双套制"归档主要是为了在计算机或网络系统出现意外事故时能够确保电子档案信息的完整性和真实性。实行"双套制"归档并非要求单位将所有的电子档案都输出成为纸质档案；主要是对那些具有法律凭证作用的，需要确保其安全、秘密和真实性的电子档案采取"双套制"的归档办法。

（3）确定电子文件的归档范围。电子文件的归档范围参照国家关于纸质文件材料归档的有关规定执行，并应包括相应的背景信息和原始数据。电子档案的特性和表现的功能不同于纸质档案，因此其收集范围也有所不同：起辅助作用或正式作用的电子文件；不同信息类型的电子文件；电子文件在读取、还原时生成的技术设备条件、相关软件和元数据。

（4）电子档案的归档时间与手续。电子档案的归档时间分为实时归档和定期归档两种情况。实时归档是指电子文件形成后即时归档；定期归档是指按规定的归档周期归档。一般情况下，通过计算机网络归档的电子档案应采取实时归档；介质档案可以采取定期归档。电子归档的手续分为进行技术鉴定和履行归档手续两个步骤。

第一，进行技术鉴定。电子档案在归档时要进行技术鉴定，鉴定的内容包括：档案的技术状况是否完好、支持的软件以及配套的纸质文件和登记表格是否完整等。检验的结果应填写检验登记表。

第二，履行归档手续。采用介质归档方式的电子档案，在对归档文件检验合格、清点无误后，移交的双方应在相应表格上签字盖章。移交文件均一式两份，交接双方留存备查。实行逻辑归档或网络归档时，计算机系统可自动生成《归档电子文件登记表》，打印输出后，移交双方签字签章、留存备查。

采用"双套制"归档的纸质文件履行与纸质公文相同的归档手续。明确归档时间。电子文件的归档一般在年度或任务完成后，或一个阶段之后的一段时间内进行归档，可视其具体情况而定。一般网络归档可实时进行，磁盘归档应按照纸质文件的规定定期完成。

（5）确定归档份数。一般拷贝两套，保存一套，借阅一套。如在网上进行，也要保存一套。必要时应保存两套，其中一套异地保存，以提高安全性和可靠性。

（6）选用归档方法。选用归档方法，一是磁盘归档，是将经过整理的最终版本的应归档的电子文件存入磁、光载体介质上；二是网络归档，一般在局域网或其他网络环境下采用。

### 7. 医院电子档案的归档要求

（1）电子档案的齐全完整。电子档案归档的齐全完整是指除了文件内容之外的软、硬件环境信息的收集需要齐全完整，如电子档案的设备、支持软件、版本、说明资料等均记录清晰。

（2）电子档案的真实有效。真实有效是指归档的电子档案应该是经签发生效的定稿，图形文件如果经过更改，则应将最新的版本连同更改记录一并归档。

（3）电子档案的整理编目。在电子档案归档前，文件形成部门应对文件载体进行整理，并在其包装和表面粘贴说明性标签；对文件的形式和内容进行著录、登记等。归档时，应将有关的目录和登记表同时移交给档案部门。

（4）电子档案的双套备份。物理归档的电子档案要求复制双套备份脱机文件，其中一套保存、另一套提供利用。重要部门或有条件的单位，最好对电子档案实行双套异地保存，以便在突发灾难性事故发生时确保单位核心文件的完整与安全。

### （二）医院档案收集的装订管理

### 1. 医院归档文件的整理

归档文件以"件"为整理单位。一般以每份文件为一件，文件正本与定稿为一件，正文与附件为一件，原件与复制件为一件，转发文与被转发文为一件，报表、名册、图册等一册（本）为一件，来文与复文可为一件。

分类方案的"最低一级类目"是指分类时所确定的类目体系中设在最低一级的类目，例如，按照"年度—机构—保管期限"分类中，"保管期限"即为最低一级类目。在最低一级类录内，按事由结合时间、重要程度等排列。会议文件、统计报表等成套性文件可集中排列。

### 2. 医院归档文件的修整

(1) 修裱破坏文件。修裱是指使用黏合剂和选定的纸张对破损文件进行"修补"或"托裱"，以恢复文件的原有面貌，增加强度，延长寿命。其中，修补主要针对一些有孔洞、残缺或折叠处已被磨损的文件，包括补缺的修补；托裱则是在文件的一面或两面托上一张纸以加固文件。

(2) 复制字迹模糊或易褪变的文件。对字迹模糊或易褪变的文件，一般采用复印的方式进行复制。如传真件字迹耐久性差，须复制后才能归案。但复印件本身也存在耐久性方面的问题，如易粘连等，需要采取一定措施加以防范。为减少复印件粘连的概率，复印时墨粉浓度不宜太大、颜色不宜太深，并且最好采用单面复印。

(3) 超大纸张折叠。实际工作中，某些特殊形式的文件，如报表、图样等，纸张幅面大于 A4 或 16 开型，而档案盒尺寸是按照 A4 纸张的大小设计的，这就需要对超大纸张加以折叠。折叠的操作要求比较简单，但要注意减少折叠次数，同时折痕处应尽量位于文件、图表字迹之外。文件页数较多时，宜单张折叠，以方便归档后的查阅利用。

### 3. 医院归档文件的装订

(1) 医院档案的常用装订方法。

第一，线装式。从档案保护的角度看，线装无疑是最好的选择。但除了较厚的文件，"三孔一线"的装订方法已不再适用于文件档案管理。现在的常见做法是使用缝纫机在文件左上角或左侧轧边，但这种方式存在针脚过密、易造成纸页从装订处折断的问题，且设备成本也相对较高。如在文件左上角或左侧穿针打结，操作比较烦琐。

第二，变形材料。使用变形材料装订方法简单，但对材质有较高的要求。金属制品如不锈钢夹、燕尾夹等，必须采用质地优良的不锈钢制品，而且必须考虑所在地区气候条件以及库房保管条件，谨慎使用；不锈钢制品则必须同时有足够强度，以免年久断裂。要注意使用金属装订的归档文件材料不能使用微波设备进行消毒，否则可能引起火灾。

第三，黏接式。一般采用糨糊及脱水粘贴的办法，成本较低。但这种方式存在可逆性差、复印及扫描时不能拆除的缺点，材料的可靠性也有待进一步论证。还有热熔胶封装的办法，但由于成本较高不易推广。另外，穿孔式的铆接式方法对档案破坏较大，因此不宜用于归档文件的装订。

(2) 装订具体做法和要求。确定装订位置，从左到右横写文书左侧装订。除去金属物，以防锈蚀文件。修正裱糊破损文件，用白纸加边托裱未留装订线位置或装订线上有字迹文件。折叠理齐大小不一的纸张和长短不齐的文件。案卷采用三孔一线的方法装订，结头打在背面。复制字迹已扩散的文件，与原件一起装订。

#### 4. 医院档案装订的注意事项

（1）归档案卷的质量要求。归档案卷质量总的要求是：遵循文件材料形成规律和特点，保持文件之间的有机联系，区别不同的价值，便于保管和利用。

归档案卷质量具体要求有：①归档的文件材料种类、份数、页数都应齐全完整。②卷内文件材料应区别不同情况进行排列，密不可分的文件材料应依序排列在一起，即批复在前，请示在后；正件在前，附件在后；印件在前，定稿在后；重要法规性文件的历次稿排在定稿之后。③卷内文件应按排列顺序，依次编写页号或件号。装订的案卷，应统一在有文字的每页材料正面的右上角、背面的左上角填写页号。④永久、长期和短期案卷必须按规定的格式逐件填写卷内文件目录，对文件材料的题名不要随意更改和简化；填写的字迹要工整。卷内文件目录放在卷首。

（2）档案装订的注意事项。对于归档的文件材料，应当将每份文件的正件与附件、印件与定稿、请示与批复、转发文件与原文件、多种文字形成的同一文件，分别立在一起，不得分开；文电应合一立卷。

不同年度的文件一般不得放在一起立卷，但跨年度的请示与批复，放在批复年立卷；跨年度的规划放在针对的第一年立卷；跨年度的总结放在针对的最后一年立卷；跨年度的会议文件放在会议开幕年立卷；非诉讼案件放在结案年立卷；其他文件材料的立卷应按有关规定执行。

有关卷内文件材料的情况说明，都应逐项填写在备考表内，若无情况说明，也应将立卷人、检查人的姓名和时间填上以示负责。备考表应置于卷尾。卷内文件要去掉金属物，对破损的文件材料进行修裱。案卷封皮和其他包装纸应采用无酸纸制作。

## 二、医院档案管理的流程创新

### （一）档案分类管理的流程创新

#### 1. 分类方案的制订

分类方案是档案分类的表现形式，是以文字或图表形式表示一个全宗内档案分类方案体系的一种文件。制分类方案时，注意方案要具有统一性，类目要具有排斥性，不能你中有我、我中有你，同时类目要有伸缩性，能随着客观变化而增加或减少。

在单位档案部门的实际工作中，当归档文件数量较多时，分类工作需要分层进行，单纯采用一种分类方法的情况是比较少见的，较多的是将几种分类方法结合使用，称之为复式分类法。下面列举常用的复式分类法，并对相应的分类方案加以说明：

（1）年度—机构—保管期限分类法。年度—机构—保管期限分类法，即先将归档文件按年度分类，每个年度下按机构分类，再在组织机构下面按保管期限分类。这种分类方法适用于内部机构虽有变化但不复杂的立档单位。该方法的优点是不受历年机构变动的影响，每年归档的案卷依次上架，便于接收和保管，是现行机关分类中使用较多的一种归档方法。

（2）年度—保管期限—机构分类法。年度—保管期限—机构分类法是把一个单位的档案先按年度分开，每个年度内分为永久、长期、短期三种保管期限，然后再按组织机构分开。这种分类方式是年度—组织机构的扩大使用。这种方式的优点是简便易行，与文书处理制度相吻合，标准客观，便于归类，多数单位采用此法。

（3）保管期限—年度—机构分类法。即首先按保管期限分类，然后在保管期限下再分年度、组织机构。这种方式按照保管期限分类，有利于区别重点，便于保护重要档案，为档案鉴定、保管和利用工作创造有利条件。

（4）机构—年度—保管期限分类法。即首先按组织机构分类，然后在组织机构下再分年度、保管期限。此法适用于内部组织机构分工明确、基本稳定且具有一定数量档案的立档单位。

（5）机构—保管期限—年度分类法。机构—保管期限—年度分类法先按组织机构分，再按保管期限、年度分。此法适用于机构设置比较稳定的立档单位。采用组织机构为首级类符合档案形成特点，按组织机构分能客观地反映立档单位各个组织机构工作活动的面貌和状况，能比较好地保持档案在来源上的联系，但不能保持档案内容上的一致性。

（6）问题—年度—保管期限分类法。问题—年度—保管期限分类法先按问题分，再按年度、保管期限分。此法适用于内部机构分工不明确、变动频繁，或文件已经混淆的，多用于撤销机关和历史档案的分类。优点是便于保持文件内容上的联系，同一问题的文件较集中，但类目设置与文件归类难以把握。

（7）年度—保管期限分类法。年度—保管期限分类法先按年度分，再按保管期限分类。

（8）保管期限—年度分类法。保管期限—年度分类法先按保管期限分，再按年度分类。

在分类时，应针对不同单位的档案的具体情况，灵活地采用适合本单位具体情况的分类方案。分类方案是进行分类工作的依据，无论采用哪种分类方案进行分类，一个单位的档案分类方法应该一致，并应保持相对稳定，使分类体系具有科学性，以便于查找利用。

## 2. 档案分类方法

档案分类方法[①] 主要有以下种类：

（1）职能分类法。职能是一个机构或组织在社会生活中的作用和功能，职能分类法

---

① 档案分类是指全宗内归档文件的实体分类，即将归档文件按其来源、时间、内容和形式等方面的异同，分成若干层次和类别，构成有机体系的过程。

即按档案内容所反映的管理职能分工来划分档案的类目。如企业的生产部门、销售部门、财务部门、物流部门等的档案分类管理。在中国档案实体分类和信息分类中，职能分类占据着十分重要的位置。

（2）问题分类法。即按档案内容所反映的问题性质来划分档案的类目，又称"事由分类法"。如企业的技术研发问题、职工的保险问题等。其优点是能够集中立档单位具有共同内容的档案，较好地保持文件之间的联系，便于反映立档单位各项工作的情况。

（3）组织机构分类法。即按单位内部设置的组织机构来划分档案的类目。如人事处、办公室等。其优点是能较好保持档案在来源上的联系，完整地反映各个内部组织机构活动的情况；内部机构为分类标志，概念明确、客观，有助于文件的准确归类；有共同内容的文件相对集中，便于查找。该方法适用于内部机构比较稳定、内部机构之间的档案界限清楚的立档单位，便于识别和区分。

（4）年度分类法。即按文件形成或处理的所属时间阶段来划分档案的类目，一般是将文件按其形成年度或内容针对的年度分开，同一年度的文件排列在一起。其优点是分类标志客观、明确，操作简单易行；符合立档单位按年度归档的制度，文件归类时界限明确；可以较好地体现立档单位工作活动的历史发展进程。

（5）型号分类法。即按产品或设备的种类与型号来划分单位的产品档案或设备档案的类目。企业档案，尤其是产品或设备档案较多时采用此分类法，例如，按照产品的不同型号与种类划分。

（6）课题分类法。即按独立的研究课题（或称专题）来划分科研档案的类目。

（7）工程项目分类法。即按独立的基建工程来划分基建档案的类目。相对独立的科技项目是指一项工程、一种产品、一台设备仪器、一个科研课题等。项目较多时还要按项目性质加以归类。

（8）专业性质分类法。即按档案内容所涉及和反映的专业性质来划分档案的类目。

（9）档案形式分类法。即按档案文件的外形、名称及制作载体等来划分档案的类目。

### 3. 医院电子档案分类管理

随着电子计算机及网络信息技术的迅速发展和广泛应用，机关团体、企事业单位在社会活动中形成的电子文件日益增多，电子文件的处理和电子档案的管理已经成为档案工作者一项新的任务。电子档案是指具有保存价值且已归档的电子文件及相应的支持文件。电子文件是以代码形式记录于磁盘、磁带、光盘等载体中，依赖计算机系统存取并可在网络上传输的文件。完整的电子文件包括内容、背景和结构三要素。电子档案与传统的纸质档案不同，电子档案的种类有不同的划分标准，目前，主要有以下划分法：

（1）按电子档案的存在形式分类。

第一，文本文件。文本文件是指使用文字处理软件生成的文字文件、表格文件以及各种管理活动中形成的公文、报表和软件说明等，由字、词、数字或符号表达的文件。其电子文件类别代码为 T。文本文件应分门别类地加以管理，各机关应根据本机关电子文件形成机构的实际情况建立文件分类体系。

第二，数据文件。数据文件是指在事务处理系统中单独承担文件职责，或者作为文件的重要组成部分出现的数据库数据对象，也可以说是以数据库形式存在的具有文件属性的记录，即各种类型的分析、计算、测试、设计参数以及管理等数据文件。其电子文件类别代码为 D。在实际工作中，机关、企事业单位形成的各类信息都要建成数据库，因此数据文件是很多单位处理的常见文件。

第三，图形文件。图形文件是指根据一定算法绘制的图表、曲线图，包括几何图形和物理量如强度等用图标表示的图形等，是由 CAD 系统生成的二维或三维图形文件。其电子文件类别代码为 G。

第四，图像文件。图像文件是指使用数字设备采集或制作的画面，如用扫描仪扫描的各种原件画面、用数码相机拍摄的照片等。其电子文件类别代码为 I。

第五，影像文件。影像文件是指使用视频捕获设备录入的数字影像或使用动画软件生成的二维、三维动画等各种动态画面，如数字影视片、动画片等。其电子文件类别代码为 V。

第六，声音文件。声音文件是指用音频设备录入或用编曲软件生成的文件。

第七，命令文件。命令文件是指为处理各种事务而用计算机语言编写的程序，是一种计算机软件。其电子文件类别代码为 P。软件是计算机的灵魂，没有计算机软件，计算机就什么也做不了。软件是指挥和控制计算机工作的程序和程序运行所需的数据。计算机软件包括系统软件和应用软件两种。

（2）按文件的功能分类。按文件的功能分类可分为主文件和支持性、辅助性、工具性文件。主文件是指表达作者意图、行使职能的文件，是文件内容的依附，是保护的重点。支持性文件，是指生成和运行主文件的软件，如文字处理软件、表格处理软件、图形软件、多媒体软件等。辅助性、工具性文件主要是指在制作、查找主文件过程中起辅助作用的文件，如计算机程序类文件通常附带若干辅助设计文件、图形文件，数据库通常附带若干辅助数据库和相应的索引文件、备注文件等。

（3）按文件的生成方式分类。计算机系统中直接生成的原始文件和将纸质或其他载体（如胶片）文件重新录入生成的交换文件。

归档的电子文件由形成部门负责分类整理，档案部门协助指导，总的来讲，产品研制或工程设计过程中形成的电子档案应以产品型号、研究课题或建设项目为单元按电子档案类别分类。图形、图像类文件按产品隶属或分类编号排列，如建设项目可以按设计、施工、结构、维护管理等先分，再结合电子档案类别分类。

### （二）档案检索管理中的流程创新

检索是把档案材料的内容和形式特征著录下来，存储在各种检索工具中，根据利用者的要求，及时把档案查找出来，为各项工作服务，是提供利用的先期工作。编制完美的检索工具体系，主要包括以下方面。

#### 1. 档案检索的内容、意义

（1）档案检索工作的内容。档案检索工作是指对档案信息进行加工和存储，并根据需要进行查找的工作。它是档案提供利用工作的基础和先决条件，是开发档案信息资源的必要条件。档案检索包括档案信息存储和查检两方面工作内容。存储是将档案中具有检索意义的特征标示出来，按照一定的顺序加以编排形成信息库；查检是指利用检索工具查找所需档案。这两个内容是密切联系的，存储是查检的前提和基础，查检则是存储的目的。

（2）档案检索工作的意义。档案检索工作的意义主要表现在：①档案检索工具在档案和用户之间架设了一道"桥梁"，沟通了两者的供需关系，用户借助检索工具便可以较为迅速准确地获取所需档案；②档案检索工具中存储了大量的档案信息，它不仅可以提供查询，同时可以成为档案机构与用户之间的交流工具；③档案检索工具记录了档案的主要内容和特征，集中、浓缩地揭示了库藏档案情况。

总之，档案能否及时、准确地提供给用户，充分发挥其作用，在很大程度上取决于检索工作。检索工作是衡量档案工作水平的一个很重要的尺度，有经验的文秘、档案工作者总会不惜时间和精力，认真编制各种档案检索工具。

#### 2. 档案检索工具的编制

检索工具[①]有两个基本功能：存储和查找。两者是互相协调、互相制约的统一体。检索工具将"藏"与"用"这两者连接在一起，架起档案和利用者之间的"桥梁"，沟通利用者和管理者之间的关系。

理想的档案检索工具，必须符合存储档案信息量丰富、检索迅速准确和方便实用的要求。一般来讲，单位根据自己的实际情况，编制检索工具包括以下内容：

（1）归档文件目录。归档文件目录是由不同条目按照一定的体系和方法排列而成的，条目则是通过对归档文件内容和形式方面的特征进行分析、记录后获得的。归档文件目

---

① 档案检索工具是用以揭示档案的内容和成分，报道和查找档案材料的工具。

录以"件"为单位，系统全面地反映了全宗内归档文件的体系结构，包括件号、责任者、文号、题名、日期、页数和备注等项目。

件号就是文件在卷内的顺序号；责任者就是文件作者；文号就是文件的发文字号；题名就是文件标题，一般文件都有标题，如果没有，自拟标题加方括号以示区别。

（2）分类目录。分类目录是按照体系分类法的基本原理，将档案主题按《中国档案分类法》的逻辑体系组织而成的目录。它的主要特点是系统性、集中性强，打破了全宗界限，把内容性质相同的档案信息内容组织到一起，便于检索，使利用者从不同的问题、专业查找利用档案，获得有关某个专题的系统、全面的档案材料；灵活性和适用性强，能根据利用档案的不同要求，变换组合成多种性质的专题卡片。分类目录一般采用卡片式，一文一卡或一卷一卡。卡片排列时应按分类号的顺序逐级集中。分类目录是档案室的一种综合性、主导性的检索工具，反映全部馆藏档案内容和成分，具有较强的族性检索功能，在档案检索体系中占有非常重要的地位。

分类目录最重要的问题是对条目的分类。对于一个档案馆来说，档案数量极其丰富，以案卷级或文件级为著录单位，可能著录成几十甚至几百张卡片，数量相当庞大。合理准确地对每张卡片进行分类，并不是容易的事情，这就必须参照国家档案局颁布的《中国档案分类法》，因为它是类分条目的依据。

（3）人名索引。人名索引是提示档案中所涉及的人物并指明其档案出处的检索工具。人名索引一般由人名和档号两部分组成。人名索引，一般按姓氏笔画、汉语拼音字母顺序或四角号码等方法排列。人名索引可以解决查人头材料的困难，利用者借助人名索引，能迅速地查出本馆（室）档案中记载某一人物的材料。其具有迅速、准确、系统的特点，是其他检索工具无法代替的。编制人名索引，排列时可以把同一个人的卡片集中在一起，但要注意区分同姓同名，避免张冠李戴，造成漏检或误检。此外由于历史原因，我国姓氏组成多种多样，姓有单姓和复姓，人名有名、字、别名、艺名、笔名、小名、字号、谥号等，在编制人名索引时，应进行必要的考证，凡有别名时，均按照原文著录，但应将其真实姓名附后，并加"（ ）"，如"鲁迅（周树人）"。

（4）主题目录。主题目录是根据主题法的原理，按照主题词的字顺，打破全宗界限和库藏排架顺序编制的目录。主题目录不受全宗、年度的限制，扩大了信息的存储范围，符合按主题利用档案的特点，查找迅速，检准率较高。它能够集中揭示有关同一事物的档案的内容，具有良好的特性检索功能。

（5）底图目录。编制底图目录，是企业对底图管理的特殊需要。由于底图不能组卷，需要单独平放或卷放，因此必须建立一套与此相适应的检索目录，以便于科学保管和查询利用。底图目录的项目有：序号、归档时间、底图号、底图名称、幅面张数、编制单位、编制日期、备注等。

(6)新型载体档案目录。随着科学技术的发展,特别是网络和多媒体技术的广泛应用,档案中非纸质载体材料的档案数量不断增加。在企业的各种生产经营和社会实践活动中,直接形成了许多有保存价值的录音、录像、照片、影片和磁盘等历史记录。声像档案是企业全宗的重要组成部分,必须由档案管理机构统一管理。不少单位编制的软盘目录、电子文件目录就属于此类。

盘号是以盘为单位编制的顺序号;保管单位名称就是简要表示该盘的内容,如某某部门某年文件;序号是盘中文件的顺序号,用于核对每盘中文件的数量;文件名是指电子文件的全名,即系统文件加扩展名,如"档案管理.doc";题名是指盘中每一个文件的题名;档号是指双套保管的纸质档案的档号。

### 3. 档案检索体系

(1)档案检索体系的必要性。档案检索体系是档案管理部门为满足不同需要而编制的各种类型的在功能上相互联系、相互补充的检索工具的集合体。为了满足管理、交流和各种用户的不同需求,就需要编制一些既各具特色又能互相联系和补充的检索工具。

建立档案检索体系有助于提高检索效率,因此档案部门应该建立起门类齐全、能满足不同用户需求的检索体系,从而提高检索效率,使档案发挥出更大的效益;建立档案检索体系有助于扩大档案部门影响力、宣传报道馆(室)藏;建立档案检索体系有助于实现资源共享、扩大对外交流。

(2)档案检索体系的要求。

第一,科学、合理。档案检索体系从总体设计上要注意科学、合理。根据单位的实际情况和用户的不同需求,编制出既能突出馆(室)藏又能满足用户需求的检索工具;检索工具的类型要多元化,既能满足不同用户的需求,又能满足宣传、交流的需要;各种检索工具既要各具特色又能互相补充,但要避免重复交叉。

第二,立足提高检索效率。提高检索效率是建立检索体系的根本目的。为此,检索工具要简便易行,检索途径要多元化,另外还要大力建设计算机检索系统。这样才能从根本上解决目前在一些地方存在的检索效率低的问题。

第三,规范、标准。检索体系的建设要符合国家的各种规范,必须和国家文献管理的标准相一致。这样,既便于提高管理水平,又便于对外交流,实现资源共享。

### 4. 电子档案的检索步骤分析

电子档案检索是指利用计算机和网络对档案进行分工和存储,并向用户提供档案文献资料。电子档案与纸质档案检索不同,随着计算机技术的发展,很多单位都建立了电子档案检索系统,为用户提供利用,大大地提高了档案检索效率。

电子检索在检索方法和检索性能上与以往的手工检索大不相同。电子检索速度快,检索效率高，只要检索软件设计合理，查准率和查全率都高于手工检索；不仅可按著录项目进行单项检索，也可把若干项目组合起来检索，还可以对电子文件进行全文检索；检索形式灵活方便，既可在档案室和办公室检索，也可异地查询检索，不过它对系统的依赖性较强。建立电子档案检索系统流程具体如下：

（1）建立网站。若要提供电子文件网络检索，建网站是第一步。在我国，只须到相关部门注册域名，购买服务器与相关网络设备，确定与互联网的连接方式，网站即告成立。

（2）加工检索信息，组织检索数据库。

第一，收集数字形式的检索工具和著录条目，对它们之间的联系进行分析，每一种联系都可能成为检索的一条路径。

第二，在分析的基础上，着手设计站点体系结构和导航方案，实际上就是设计检索的路径，包括按机构、主题、责任者、保管期限等多条途径。导航方案一般为网状结构，各个节点之间的关系包括层次结构、时间关系、水平关系、内容关系等，可以借鉴一些用户网站的经验，提供直接检索（键入主题词、分类号、关键词等）和间接检索（在目录间浏览）两种检索方式。

第三，根据导航方案，设计数据库。检索数据库一般可分为两种形式：①原文数据库，存储的主要内容是电子档案原文，原来是纸质载体的档案，可以借助一定的设备和软件通过图像扫描和光学识别方式转化为电子档案；②目录数据库，一般有多个，以表达文件之间的多种联系，如全总数据库、分类目录数据库、主题目录数据库等，应在各个数据库之间建立联系。

（3）实现文件信息的共享。在完成内部检索信息加工后，还应将内部的地址与外部的相连，实现馆级联网检索，即链接相关站点，提供通向其他信息资源的途径，使档案信息系统成为通过网络利用电子档案的中心。同时，还可以通过各种途径，将档案站点人为地设成一个链接点，放到其他信息服务机构或政府机构的主页上。

### 三、医院档案管理的精细化创新

档案管理作为医院发展的重要组成部分，对于医院整体素质的提高，以及使医院能够立足根本实现长远发展具有重要作用。然而，医院档案管理形式并未随着时代的前进而创新，依然存在着管理效率低下等问题，导致宝贵的档案资源经常损耗，无法得到充分利用。将精细化管理运用到档案管理中既能提高医院档案管理的质量和效率，又能使医院管理更加规范和统一，这对于医院的长远发展具有积极影响。

#### （一）医院档案精细化管理的基本理念

精细化管理的概念最早由日本产业公司提出。它致力于组织发展，通过有效而准确地组织各组织之间的相关活动，并支持各业务单元之间的联系，以确保不同单元之间的有效连接，提高行政效率。公司将组织管理体系视为一种融入企业各方面的管理文化，努力在现代管理中完善工作与服务质量的社会分离。另外，管理者也把精细化管理作为一种管理方法，使相关产品和服务的细节能适应顾客，以顾客满意为宗旨，开拓市场，实现更高的经济效益。

第一，目标管理。要科学合理地计算目标、明确目标，从实际出发，层层分解，纵横结合，形成一套科学合理、目标明确的管理体系。

第二，过程规范。每个人执行的特定管理活动叫作过程。从组织运行的角度对各岗位工作步骤和标准提出要求，仔细梳理人员与部门之间的流程联系。

第三，促进职业培训。医院管理者应做到人员培训全覆盖，严格规定培训内容和要求，建立完善的培训机制，根据员工的工作习惯和技能，逐字逐句地修改操作规程。

第四，考核约束。考核约束是对档案管理人员的一种约束，是改善档案管理现状的主要手段。现如今，档案管理方法和管理理论层出不穷，有很多方法的适用性极强，能够有效应用于档案管理中，如EVA评估考核、平衡计分卡、360°评估考核等。虽然考核方法很多，但是在具体实践中相关人员不能对其盲目使用，应该结合医院实际在原有考评机制的基础上，进一步完善和落实。除此之外，应该完善医院的薪酬管理体系，提高档案管理人员的幸福感和满足感，同时还要注重制度体系建设的公平公正性，只有这样才能提高医院管理水平，进而为提高医院的档案管理水平奠定基础。

第五，文化建设。无论是企业还是医院，都需要有良好的文化支撑。文化是企业和员工进行交流的桥梁，营造浓厚的文化氛围能够让档案管理人员提高归属感和责任感，员工能按照既定程序和流程高质量地完成各项工作，完善整个公司的组织生态，使组织运作更合理。

### （二）医院档案精细化管理的意义

第一，提高医疗服务水平。精细化管理方式能够简化管理流程，提高管理效率，为医院的运转提供参考依据，能够在一定程度上优化医院的医疗服务。精细化管理在档案管理中尤为适用，通过精细化档案分析能够使医疗服务更加规范和完善，建立起一整套医患档案管理体系，更有效地让理论和实践相结合，提高档案管理的科学性。

第二，消除医患矛盾。当前，医患纠纷几乎成为医院常态，而造成医患纠纷的主要原因是医院服务不到位、医疗能力不足、效率慢、档案管理错漏百出。以医院档案管理为例，在档案管理中存在的主要问题是患者信息更新慢、档案不规范、医疗数据管理出错等。如果使用精细化档案管理模式，就能够对上述问题进行一一解决，有效减少医闹事件。

第三，提升档案价值。新医改政策丰富了人事信息，增加了档案管理的压力。优秀理念的引入促进了各环节的有序发展，精细化管理使人事档案与医院员工产生直接联系，如果档案出现造假或者信息录入错误等问题，将会对医院的人事管理造成影响，不利于医院员工的管理。如果引入精细化管理理念，这一现状就能够得到有效改善，通过深入档案"内部"细化档案管理细节，以确保个人信息的准确性和完整性，促进档案价值的开发，并与人才管理和医院选择紧密相连。

### （三）医院档案精细化管理的应用措施

第一，提高管理意识，明确档案建设目标。①明确档案建设方向；②要把管理责任落实到全体员工；③在实施目标管理的同时，调动所有员工的积极性。规范管理促进档案工作有序开展，促进医院持续发展。同时，档案的内在价值也只有通过良好的员工培养才能充分体现。

第二，完善管理制度，促进制度精细健全。档案管理系统以"精细化管理"为背景，落实档案管理任务，包括人事档案、文件、医疗技术等，规范岗位与绩效的职责，使档案工作人员明确职责目标，充分把握工作条件，然后根据职位不同、管理任务不同进行分工。

第三，创新管理方式，加强档案人才培养。①良好的文件整理和档案管理。按照不同的内容精心创建、分类、存档，经过主管部门批准，标准化存档，再将部分档案信息上传到平台。②将医患纠纷纳入档案管理。考虑到医患纠纷的普遍存在，医院可将其纳入档案管理，进行广义和狭义的分类。广义是指诊疗过程中的隐私权和医院责任；狭义是指在诊断和治疗过程中发生的医患之间的分歧事件。这些事件应纳入档案管理，以记录事件的时间、原因、过程和结果。③提高整体管理质量。档案工作者应通过培训提高技能和素质。在选材上遵循人才优先原则，加强对其基础知识和实践水平的评价，使各项指标达到人才要求。依据医院档案管理要求对员工的法律知识和综合素质进行考核，做好档案管理的培训和进修工作，定期开展基本管理技能、信息技能等培训活动。

第四，引入大数据技术，提高信息化水平。档案管理要引进信息技术，以用户为核心，通过认证登录用户的身份实现对文件信息的获取和使用，减少对传统纸质档案的破坏，从而在一定程度上保护医院档案。

第五，推动档案管理信息化建设的全面发展。将信息技术应用于医院的档案管理工作中，运用信息技术对互联网环境下的人事资料进行管理，可以使事业单位的查询更加方便。通过不同技术手段，科学、高效地将不同数据输入系统，使个人信息传递具有及时、准确的特点，但在录入信息时要注意保密，这样既能方便管理人员查询员工信息，又能有效提高医院档案管理效率。

第六，积极建设一支专业的管理人才队伍。医院档案管理工作的领导者和实践者的专业技术水平，直接影响档案管理工作的质量。为此，医院要不断提高档案管理人员的专业素质和管理能力，使其在工作中履职尽责，为实现医院的全面发展做出贡献。医院要提高档案工作者的录用门槛，优先培养档案工作者，使其能够将科学的管理理念和经验应用于实际工作，促进档案管理专业化水平的显著提高。医院档案中涉及个人隐私的信息很多，这就要求档案管理人员要有良好的职业素养，不能随意透露患者、员工的个人信息，同时要注意分类，对管理人员严格选拔，加强组织建设；通过广播录像、人才交流、专家讲授先进的管理理念及科学的管理方法等方式，提高医院档案管理人员的技术水平，使他们更好地参与竞争。

第七，规范医院档案管理工作流程。人才档案的完整性是对资料进行科学管理的基本标准之一。以此为依据，规范医院档案管理工作流程，严格按照标准办事。①认真收集有效的人事档案。年度考核、干部任用、干部认定等信息按规定及时收集、整理、归档，以确保个人资料完整。②做好选人用人。归档人员要认真考虑档案资料的时间、真伪，确定档案材料是否属于员工所有，并办理相关手续。若存在缺失，应及时登记、收集、完善。③做好人事档案的整理。档案存档的基本程序是资料分类、页数、编号、复印文件目录、装订、著录索引等。④做好员工档案的移交。

第八，创新档案管理模式。重点在于提高服务质量和档案管理水平，更新档案工作观念和类型，扩大工作范围，充分重视档案工作，夯实基础。

改变档案管理观念：档案工作要转变观念，加强与医疗、科教、质检部等档案部门的沟通，使生成的文件既能满足单位用户的需求，又能满足医院档案的要求，生成真实、完整、安全可靠的优质档案。严格按照存档区域和标准进行存档，确保档案资料的完整和存档质量。

智能管理系统提高档案精细化管理：根据医院自身条件引入文件安全监控系统，采用系统实时定位技术，将电子标签插入文件单元，实现医院档案信息的实时定位；在检索文件时，可以快速查找文件，能够记住不在存储库内的文件单元；管理员可以在系统中查看和授权。

建立完善的档案管理系统：健全的档案管理体系是规范、有序的，医院档案管理制度把精细化理念融入每个环节，结合档案法律法规和实际情况建立系统、完整的档案管理体系，将精细管理延伸到医疗机构档案工作的各个领域，实现"处处行政，事事行政"的目标。在医院档案管理系统中运用精细化管理理念，使之规范化、制度化，有效提高了医院档案管理效率。

完善档案管理标准：归档工作标准化管理是按照不同的标准进行的，传统的文件管理有不同的标准，标准是完整、准确的，对于档案人员要有明确、符合标准化管理的工作要求。

提高人事档案的真实性和完整性：有效人才信息的收集与存储是有效管理个人数据的基础，是个人数据管理的重要内容。因此，我们必须不断提高个人资料的真实性与完整性才能有效提高个人资料管理的效用与价值，了解员工的培训及工作经验，不断改善对个人资料的实际管理，并解决欺诈及资料失真问题。另外，档案管理者要提高员工个人资料管理的有效性，通过不同渠道收集员工个人资料，在一定程度上保证档案的真实性。这样才能提高工作效率，为医院档案管理顺利实施提供可靠的依据。

## 四、医院档案管理中病案管理的创新

### （一）病案管理的现代化

医院要牢固树立以人为本的理念，以现代化的医院建设为指导，用现代通信技术等先进的病案管理设备装备病案室，用科学、先进的技术和方法管理病案，建立与现代化医院建设相适应的体制和制度，实现病案管理工作的自动化、程序化。要把病案管理工作的全部环节都考虑进去，专心做好病案的信息管理和开发。

加强对病案管理工作实施前端控制，在病案形成之初就介入管理，实施全程跟踪控制，实现病案管理电子化。加强组织管理。医院中除病案管理委员会、病案科对病案实施管理外，医疗缺陷管理委员会等职能单位必须共同承担对病案的管理和监控。有关委员会和职能科室制定各自对病案的管理目标，共同组成医院全面系统的病案管理网络，以相互监督、相互制约、相互促进，实现对病案管理多角度、全方位的监控和指导。通过制定严格的病案管理质量标准，实现对病案的主动控制，对病案实施不间断的质量管理，经受实践的检验。

病案管理现代化对病案管理人员的素质要求很高。病案管理人员必须具备基础医学知识、国际疾病分类知识、手术分类知识、档案管理知识、卫生统计学知识、计算机应用技术，具备与现代医院相适应的技术创新能力。病案科应该配备具有相应职称要求的专业人才，病案管理人员应该具备本科以上学历，学科带头人必须具有副高级以上职称。

### （二）病案管理的法制化

病案管理是一个系统管理过程，必须遵守有关法律法规的要求。制定与病历的记录、保存、传递等利益相对应的可行性规章制度和有关提供服务的具体程序，做到有法可依、有章可循。要建立合理、科学的病案管理制度，以便更好地发挥制度的指导和规范作用。落实制度要赏罚分明，保障制度的权威性。

第一，严格源头管理。医院要建立完善的质控体系，严格实施病案考核和奖惩制度。临床医务人员不仅要做好检查、诊断和治疗，而且要及时、准确、全面、规范地书写病案。科主任和质控员必须严格审核检查每一份病案，保证甲级病案率在95%以上，坚决杜绝丙级病案，确保每一份移交到病案室的病案资料质量。采用国际疾病、手术分类方法，建立完善科学的检索体系。要按照国际疾病分类的具体结构、编码原则及方法的要求，确保编码资料的准确性、科学性和实用性。

第二，建立健全医院病案的动态管理制度。使医院的病案管理部有足够的职权。将投诉管理、信息中心和宣教工作并入质量管理部，让质量管理部具备质量控制和培训职能，不但能够进行有效的质量控制，并且能对显现出的问题有针对性地制定和实施培训，这样才能使医院的质量安全工作得到持续有效地提高；在现阶段，医院质量管理部门的权责应高于其他职能部门（或者以医院质量安全委员会形式出现，由主要院领导担任委员会主任），这样才能督促各职能部门保证所负责工作的质量，避免出现职能交叉多头管理的局面，由质量管理部统一构建医院质量控制和安全保障体系，全方位地监控医院质量安全工作。

### （三）病案服务的网络化

档案服务的网络化，能够最大限度地方便使用者，确保使用者最大限度地获取服务。医院可以建立病案信息系统外部利用平台，用户可以通过互联网访问病案信息系统获取所需的病案信息，实现病案信息的远程利用。对于现行电子病案，可以设立相应的自助电子阅览室，用户可以根据授权通过电子阅览专用计算机，自助查阅相关领域的现行电子文件查阅。

实现管理程序文件化，定期接受本院内部评审和外部评审，使医院档案管理逐步走上正规化、科学化、现代化轨道。切实改变传统的纸质档案的管理方式，加强电子档案的统一管理，利用计算机和网络进行档案收集、整理、鉴定、保管和统计等日常工作。实行文档一体化管理。通过构建网上档案服务平台，把已有的档案目录数字化，建成目录查询系统，为更多的用户提供服务。把部分纸质档案转化为数字档案信息，实现档案实体和档案信息分离；通过建立各类全文数据库和多媒体数据库，设置管理权限，在保证数据安全保密的前提下实行统一管理、资源共享，实现档案信息资源的数字化、网络化进程；实现计算机的检索、查询和网上传输，变实物档案室为虚拟电子档案室，从而促进档案的规范化和网络化。

### （四）病案资源的数字化

病案资源数字化是病案管理现代化的前提和基础，要集中力量把纸质档案转换成数字文件。档案工作要适应时代发展的需要，由原来单纯的档案管理模式转为以信息管理为主的信息化管理模式，实现档案工作以及档案管理的信息化。要注重借鉴国外的先进经验，重视通用软件开发应用和标准化工作，通过软件提供灵活扩充功能和自编软件接口。

电子病案在国际上已经进入实用阶段，成为新的病案管理方式。电子病案可以使医院实现从"管病"到"管人"、从"管医疗"到"管健康"的转变，真正体现一切以病人为中心的服务宗旨。要应用计算机技术进行病案管理。通过计算机建立适用于自身发展的病案编号系统、科学的病案分类排列系统、完善的病案归档系统、完整的病案索引系统、科学的病案借阅系统以及严格的病案追踪系统，以极大地降低病案管理人员的劳动强度，促进病案管理的科学化和高效率。

### 五、医院文书档案管理的创新

"医院文书档案在发展建设过程当中形成，真实记录发展轨迹，能够反映医院基础设施建设、人力资源管理、财务管理以及业务素质改进等方面的措施与制度，对总结经验并吸取教训，从而推动医院的稳定发展有不容忽视的现实价值。"[①]医院在开展各项管理及各种临床研讨会的过程中，都需要通过文字方式记录一系列内容，这些临床研究记录、科研实践、重要文件等共同组成了医院文书档案。医院文书档案管理与医院内部能否顺利运行存在着直接关系，甚至对于整个医院的安全性产生一定程度的影响。因此，医院一定要高度重视文书档案管理工作，同时还要做到在现代化背景下积极创新医院文书档案管理工作，保证医院文书档案管理效果。

#### （一）文书档案管理的意识创新

理念决定行动，理念决定成果。为了能够真正做到创新医院文书档案管理工作，先要从理念着手。在此基础上，医院需要注重对各部门工作人员进行医院文书档案管理创新意识培养，特别是针对医院文书档案管理工作人员，使医院所有工作人员都能够充分重视并积极配合开展医院文书档案管理工作。

医院可以充分借鉴先进的医院文书档案管理经验，促使医院文书档案管理人员的管理意识得以创新，并且还要注重在此过程中融入第三方审核方式，以此保证医院文书档案管理工作获得全面的监督管理。不仅如此，在实际工作开展中还需要严格落实奖惩制度，在提升医院文书档案管理人员工作积极主动性的同时，避免出现徇私枉法行为，确保医院文书档案管理工作得以优化。

#### （二）文书档案管理的机制创新

落实管理机制是保证医院文书档案管理工作顺利开展的基础条件，为了能够确保医

---

① 黄思敏. 新形势下医院文书档案管理探讨 [J]. 兰台世界，2017（14）：58.

院文书档案管理机制得以创新，医院一定要充分重视积极吸取各行业、各国家在医院文书档案管理工作方面所取得的先进经验、管理技术及管理方法等，在此基础上根据医院文书档案管理工作的实际情况以及需求，充分有效利用其先进的管理经验，同时一定要充分重视制定出符合自身的医院文书档案管理机制规章制度，保证医院文书档案管理工作有章可循，更加要注意明确工作方向。

### （三）文书档案管理的模式创新

医院文书档案管理创新是现今医院文书档案管理工作开展的重点，特别是随着网络技术、信息技术等各种先进技术的发展，各种先进的技术形式已经逐渐深入医院文书档案管理工作中，对医院文书档案管理工作的开展存在着至关重要的现实意义。

在实际开展医院文书档案管理工作的过程中，医院需要对管理平台加以不断更新，如果当前的管理平台不能够满足医院对于档案管理工作的实际需求，那么需要积极引进先进的技术形式。值得注意的是，医院应当重视引入自主规划模块，以此构建分支的管理平台，确保不同类型的医院文书档案能够实现更加具备针对性的管理工作。

医院文书档案具有不同的重要性，应当将其划分在不同等级当中，并设置不同的权限等级，保证为后期进行医院文书档案的查找、调用工作奠定良好基础。对于最为重要的医院文书档案，只有医院内部的最高级别部门能够使用，以此类推，在开展医院文书档案管理工作过程中分级越是明确，那么其管理工作就更具备针对性。

此外，在运用信息技术加强医院文书档案管理模式创新的过程中，一定要充分重视安全技术的运用。信息技术存在非常强的开放性，唯有拥有安全技术的支持，才能够保证医院文书档案的安全，才能够避免医院文书档案被恶意篡改、黑客入侵等问题发生。由此可见先进安全技术的运用对于医院文书档案管理工作来说十分重要。

### （四）文书档案管理的制度创新

医院需要在综合考虑自身发展的实际情况后，有针对性地进行文书档案管理制度的创新，做好细节工作的相关规定，使工作人员在进行文书档案管理的过程中能够有据可依，并为医院文书档案管理的创新工作奠定坚实的基础。

第一，医院要做好文书档案立卷制度的创新，要求档案管理人员严格按照年限对医院文书进行归档，并与实际的档案管理情况进行有机结合，从而完成好文书档案的分类管理，为文书档案使用者查阅并使用档案资源提供更加便利的条件。

第二，对于医院里已经没有保存价值的文书档案，工作人员要积极创新档案销毁制度，在销毁制度的指导下进行销毁，使医院文书档案的管理工作具备科学性与全面性。

第三，医院还要加强对文书档案借阅制度的创新，重新明确进行文书档案借阅的具体操作流程，同时在制度中还要进一步规定违反借阅条款后相应的处罚措施，从而提升医院文书档案的安全性与完整性，进而增强文书档案管理工作的实效性。

# 第三节　医院档案共享服务信息化建设的实践策略

## 一、医疗档案信息的特点

### （一）医疗档案信息的真实性

患者个人的医疗档案信息不仅是司法鉴定的重要凭证，而且是医保取证的基础性材料，所以其真实性是医疗档案最重要的特点。医疗档案在形成的过程中，如果存在任何与事实不符的信息，其也就失去了应有的法律效力。医疗档案信息是指医务人员亲自书写并签名的关于患者各方面的检查、化验、影像信息以及临床诊疗方案。

初诊时根据患者自身的情况记录患者近期或长期的身体各方面的状态，医务人员采取我们通常所说的"望、闻、问、切"进行记录，该原始记录如实地反映了医务人员为病人诊治的全过程，保证了日后对医疗档案信息的借鉴与利用。

### （二）医疗档案信息的准确性

医疗档案在形成的过程中，不仅要具有真实性还要具有准确性。医疗档案信息的准确性包括两个方面：

第一，医疗档案书写内容的准确性。患者在就医的过程中似乎都有这样的经历，医务人员书写的信息无法辨识，即使是其他的医务人员也很难辨识，这就容易引起不必要的问题，甚至会引起医疗纠纷。因此，医务人员在书写医疗档案信息时，一定要注意内容的准确性，字迹工整，文笔通顺，不得涂改。

第二，医疗档案信息的准确性，诊断结果要依据多方面的检查结果。医务人员在书写患者医疗档案时，要根据患者各方面化验结果、影像报告、物理诊断等多方面综合信息确定执行医嘱，以保证医疗档案信息的准确性。

### （三）医疗档案信息的集成性

医疗档案的信息是具有集成性的，集成性就是强调患者医疗档案的形成是需要一段时间的，甚至需要一生的时间。患者到医疗机构就医，初始挂号，就在医疗机构信息系统自动生成专属患者自己的账号，初步形成医疗档案，接下来的一切检查报告、化验报告、医务人员的诊治过程都连续地记录到患者的医疗档案中，整个过程直到患者出院才会初步中止。

患者出院后定期的复查，或者再次住院的信息都要记录在患者的医疗档案中。这就是医疗档案的集成性特点，该特点决定医疗档案在归档过程中，工作人员不遗漏、不归错，保证医疗档案信息的完整性特点。

### （四）医疗档案的对象专属性

医疗档案是一种以一个医疗机构为单位集中保存的档案信息类型，这种专属性在形成和利用过程中都有不同程度的体现。每一份独立的医疗档案只有唯一的主体，绝不能含有其他任何患者的信息，同一患者不同时期的医疗档案信息应当集中保管。医疗档案的对象专属性利于查找患者专属信息以及医保取证，伤残鉴定。

此外，医疗档案还具有依附载体形式的多样性与来源的广域性特点。

第一，医疗档案信息依附载体形式多样性。患者医疗档案信息包括多方面的信息：化验报告——肝功能、血细胞分析、甲状腺功能、肾功等，影像报告——X线、磁共振、CT、心电报告等，还有临床诊断。

第二，医疗档案来源广域性特点。目前，各大医疗机构的患者来源渠道主要分两种：①患者自主到医疗机构就医；②其他医疗机构转诊，此种形式患者主体的医疗档案信息的完整性，更应得到医疗机构的注意。

## 二、医疗档案信息共享服务的重要性

医疗档案信息共享服务就是指各大医疗机构通过统一的系统，实现医疗档案的互通，所有的医疗系统都可以在医疗信息共享平台中随时提取患者的医疗信息。

通过医疗档案信息共享服务，城市的大医院能够对区域级别的医院进行实时指导，这样对于一些需要抢救的患者来说，就可以就近送到区域级别的医院进行急救，这样就避免了由于区域级医院处理不了急救患者而耽误最佳治疗时间的现象。同时在转院的过程中，通过医疗档案信息共享服务可以将患者的医疗档案实时传送到接手患者的医院中，使接手的医院能够在第一时间了解患者的基本情况，并马上开展针对性的治疗。从而全面提高医疗机构的整体医疗水平。

## 三、三级甲等医院医疗档案信息共享服务的实践

### （一）三级甲等医院医疗档案信息共享服务策略

#### 1. 医疗档案信息共享服务策略的基础依据

（1）医疗档案信息共享服务策略的系统基础。

第一，临床信息系统。该系统是保障医疗卫生服务机构正常运转的重要保障系统，

是实现医疗机构医疗信息系统的最原始的组件。其主要模块为在门诊工作中的挂号系统、收费系统、医生工作界面、护士工作界面、入院缴费系统、出院结算系统、药局输液室管理系统等。

第二，图像存储与传输系统。在医疗行为的实施过程中，各种数字化辅助检查设备，如MRI、CT、X线等，产生的检查结果为大信息量的数字化影像信息，这就要求必须有专门高效的信息处理系统对其采集、存储、诊断、输出的大量信息进行处理等。

第三，检验信息系统。在对临床采集的各种样本进行检验分析的过程中，为保证各步骤间的顺利进行和完美契合，必须有一整套完整的、能够对各个步骤的平均处理时间做深入分析的系统，进而找出各检验步骤间的合理而又协调的规律，合理提高样本在处理环节上的运行效率。

第三，电子病历系统。医生可以通过该系统应用数字化手段记录患者在医疗过程中病情变化以及医疗过程。数字化病历管理可以使医生方便快捷地进行信息查询和既往病历数据统计。这既实现了病历管理形式的革命，更重要的是实现了医学信息交流的变革，为医疗档案价值的充分实现提供了一种高效的转化平台。

第四，临床数据分析系统。这是集临床数据采集、储存、分析整合、管理统计于一体的契合复杂临床工作需要的系统。其先进性为包含大量专业的临床数据，还积累了大量一线临床医学专家的实践经验共识。通过标准医学数据和临床专家的经验共识，系统能够为医护人员在医疗过程中准确提供病人和数据之间准确的关联信息提示，为患者提供及时合理的治疗，并能够满足临床数据统计分析的需求，为临床实践的科学研究提供高效平台。

第五，临床医疗与科研信息共享系统。医疗档案信息共享服务为医护人员及患者都提供了无尽的方便快捷，它还有一个更有意义的价值在于把临床数据转化为科研数据。临床医疗与科研信息共享系统确保了医疗工作以及科研工作的高效进行，确保了研究信息采集的及时完整性以及数据信息处理的速度、深度和广度。

（2）医疗档案信息共享服务策略的现实基础。

第一，已经建立层次分明、相互联系的医疗体系。为解决社会医疗资源配置不合理，优质医疗资源多向大城市、大医院集中，基层卫生资源、医疗和服务能力严重不足等问题，医疗卫生体系之间已经加强联系。

优秀的医疗技术人员集中分布在大城市的三级甲等医疗机构，导致其他低级别医疗机构很难实施较难、较复杂的高级别手术，遇到此类情况，一般邀请经验丰富的医生来做手术。偏远城市的低级别医疗机构遇到复杂的病情，一般通过远程会诊，与经验丰富的相关医生建立联系，共同确定治疗方案。

第二，比较完善的网络环境。随着经济快速发展、科技迅速进步，医疗卫生体系网络日趋完善。目前，全国三级甲等医疗机构普遍建立远程会诊系统。远程会诊是利用电子邮件、网站、信件、电话、传真等现代化通信工具，为患者完成病历分析、病情诊断，进一步确定治疗方案的治疗方式，它是极其方便、诊断极其可靠的新型就诊方式，它与邮件的紧密配合，有力地带动了传统治疗方式的改革和进步，为医疗走向区域扩大化、服务国际化提供了坚实的基础和有利的条件，也为规范医疗市场、评价医疗质量标准、完善医疗服务体系、交流医疗服务经验提供了新的准则和工具。

第三，社会公众健康意识提高。随着社会公众健康意识提高，实施医疗档案信息共享，人们可以比较系统地掌握自己的健康状况，无论患者到任何医疗机构就诊，医务人员根据医疗档案信息共享平台，可以及时掌握患者的既往史、基础疾病史以及家族遗传史，从而更好地进行诊治，提高患者的身体素质。

第四，医疗档案信息共享服务实施中医务人员素质明显提高。

医务人员个人职业道德的进步：医疗机构要以强烈的事业心和高度的责任感、认真负责的工作态度和一心一意的服务思想开展医疗档案信息共享管理工作。医务人员在工作中，要有爱岗敬业精神，坚守岗位，认真负责地为医疗机构和患者服务。

提高了思想政治素质：医疗档案管理工作的政治机要性很强，所以医疗机构的医疗档案管理人员要讲政治。医疗机构医疗档案管理的医务人员一定要具有较高的政治素质和强烈的责任感。医疗机构医疗档案管理的医务人员的首要政治目标就是要做好医疗档案的保密工作。一旦造成医疗档案的丢失、泄露，将会给社会、医疗机构以及患者带来无法估量的损失和影响。

提高了医务人员的专业技能：医疗机构医疗档案管理人员必须不断学习、不断进步，掌握医疗档案信息管理的新方向，这是因为医疗档案工作的业务性很强。在社会主义市场经济条件下医疗档案信息管理工作面临许多新情况、新问题，医疗档案管理人员必须更新和掌握新知识。实现医疗机构医疗档案信息化管理是时代发展的必然趋势，在现代医疗卫生信息的掌握和医疗机构的日常管理中有着重要的作用。长期以来我国医疗机构一直在积极推动医疗档案信息化的管理工作，并初步取得了一些成效，但是医疗机构医疗档案信息化管理依然任重而道远。

### 2. 医疗档案信息共享服务策略的可行性

医疗档案信息在医、教、研上具有重要的价值与意义，不仅是记载患者病情的医疗文书、医疗教学的基本资料还是医疗机构管理与决策的重要依据。同时，医疗档案还是医务人员科学研究的基础性材料。因此医疗档案信息已经受到各大医疗机构和医疗卫生高等院校的重视。三级甲等医院医疗档案信息共享服务在现行社会对信息共享的需求、国家政策的支持、现代化信息技术的支撑以及经济发展的推动下具有一定的可行性。

（1）国家政策给予三级甲等医院医疗档案信息共享服务策略的支持。随着经济快速发展，社会不断进步，人们的生活水平日益提高。目前，国家对医疗卫生事业高度重视，提出建设现代医疗机构信息化体制。国家全面支持医疗机构数字化建设。作为社会主义文化建设和精神文明建设重要内容的档案管理工作必须顺应现代科学发展日新月异的潮流，医院要采用先进的技术，积极稳妥地开展档案现代化管理工作，为更好地弘扬社会主义先进文化和全面提高档案管理服务能力和水平做出应有的贡献。这些在政策上给予医疗档案信息资源网络化共享很大支持。

（2）现代信息技术对三级甲等医院医疗档案信息共享服务策略的支撑。随着计算机技术和网络技术的迅速发展，计算机技术改变了信息处理、信息存贮的方式，网络实现了信息的快速传递。当今社会一个国家的信息技术水平已成为衡量其综合国力和现代化程度的主要标志。医疗卫生事业的快速发展也要求医疗机构实现医疗档案信息管理手段的现代化、科技化、网络化。实现医疗档案信息资源的网络化共享与计算机和网络技术的发展密不可分。

（3）社会对三级甲等医院医疗档案信息共享的需求。目前，随着医学事业的发展，医疗机构与医疗机构之间的学术交流在现行社会是尤为常见的，如果医疗机构能够分享到其他医疗机构医疗档案信息资源，那么医务人员职业生涯中的诊断、治疗实践，诊疗技术以及诊疗水平将会极大地提高。

同时，人们的健康理念也发生了质的变化，自我保护意识增强，患者有权知道自己的健康状态，有权详细了解相关的医疗档案内容。人们希望借助医疗档案信息来增加健康透明度，通过使用医疗档案信息来维护自身的合法权益。

### 3. 医疗档案信息共享服务策略的必要性

（1）提高国民身体素质的需要。实施医疗档案信息共享，无论患者到任何医疗机构就诊，医务人员借助医疗档案信息共享平台，可以及时掌握患者的医疗档案更好地进行诊治，提高患者的身体素质，进而提高国民的整体身体素质。

（2）实现优质医疗资源共享。建立医疗档案信息共享服务，可以实现优质医疗资源共享。医务人员根据信息平台的信息，借鉴科学、先进的诊疗方案，提高疾病的治愈率，减少术后并发症。

### 4. 医疗档案信息共享服务策略的作用

（1）有利于发挥医疗档案的凭证作用。医疗档案对于医、教、研各个方面具有凭证价值。医务人员根据患者以往医疗档案信息即既往史——过敏史、外伤史、手术史，以往基础疾病——高血压、糖尿病、心脑血管病，遗传病史——传染病史、家族史来进行医务处理。在医学教学方面，根据以往医疗档案信息总结疾病规律，应用于临床治疗。相关科研人员根据大量共享的医疗档案信息，以及大量数据与实验结果，总结病情转归规律，应用于临床治疗与教学活动中。

（2）有利于促进医疗技术交流提高。大量医疗档案信息存储于信息共享平台，由专业的档案工作人员定期地进行信息处理与维护，从而有利于医疗事业文化积累。作为医疗事业的文化积累，实现医疗机构医疗档案信息共享，可以实现各级医疗机构医务工作人员互通有无，加强交流，提高医疗水平，扩大各级医疗机构的诊疗范围，减少医务人员流动，提高诊疗效率，真正实现了医疗服务均等化。有利于博采众长，促进中西医的发展与交流，实行医院档案信息共享，可以使医务人员及时地利用数据平台、数字化图书室，与国内外优秀的医务工作者进行技术交流，查阅先进医学资料，总结医务工作经验，交流工作心得，提升医务工作人员的医疗技术和诊疗手段。

（3）有利于实现优质医疗资源共享。建立医疗档案信息共享服务，可以实现优质医疗资源共享。

（4）有利于准确判定医疗责任。档案所特有的原始记录属性使其成为令人信服的、系统完整的真凭实据。医疗档案信息产生于医务人员工作实践之中，具有真实可靠、系统翔实的特点。医疗档案信息包含着所有医务人员在治疗过程中用的治疗方案与病情变化，记载着医患双方应承担的法律、经济等权利与义务，一旦就此产生疑问、争执甚至出现矛盾纠纷时，医疗档案信息都具有无可辩驳的证据作用，可以有效地平息矛盾冲突、解决相关的利益归属问题，是确保国家整体利益以及医患双方正当、合法权益不受侵犯的真凭实据。

### 5. 医疗档案信息共享服务策略的保障

（1）三级甲等医院医疗档案信息共享服务过程中体制逐渐创新。三级甲等医院医疗档案信息共享服务过程中体制逐渐创新，指的是三级甲等医院在医疗档案信息共享服务过程中的机构设置与权限划分。现今，三级甲等医院拥有完善的机构设置，拥有医疗档案信息存储部门、医疗档案信息安全维护部门以及医疗档案信息临床与科研相结合部门，各部门权限划分明确，不得干预其他部门的相关工作。

（2）三级甲等医院医疗档案信息共享服务过程中制度日趋完善。医疗档案信息共享服务过程中制度日趋完善，各三级甲等医院规范了医疗档案信息共享服务的范围，建立严格的医疗档案信息共享服务归档制度确保医疗档案信息完整性；规范医疗档案信息共享服务信息录入的有效性（时效性），建立医疗档案信息共享服务备份系统；保障医疗档案信息的安全性，确定医疗档案信息共享服务过程中的个人隐私安全。实现三级甲等医院医疗档案信息服务，完善的共享制度是具有约束作用的，是必不可少的前提条件。

（3）医疗卫生体系加强投入。为了促进医疗卫生体系健康发展，实现优质医疗资源共享，目前不只医疗体系加大投入，各大医疗机构也不断加大经济投入，聘请专业技术人员，专门负责软件的开发，建立数字化医疗机构，研发医疗档案信息共享系统。

### （二）三级甲等医院医疗档案信息共享服务网络的实现

#### 1. 建立医疗档案信息共享网络

构建医疗机构内部以及医疗机构之间的医疗档案信息共享服务策略。各临床科室专用的医疗信息系统构建的过程中最重要的就是建立信息中转平台，防止大量医疗档案信息直接读取产生的信息拥堵问题。

要想实现医疗档案信息共享，首先必须完成医疗机构内部医疗档案信息的充分共享。

（1）科室层次。医疗行为的展开是通过各临床科室的具体工作实现的，根据各临床科室的工作特点配备专用的医疗信息记录系统，进行医疗工作的数据采集、归档、通信、辅助诊断和工作流管理。其中包括病案管理系统、检验信息系统、检查信息系统、生命体征信息系统、病理信息系统、麻醉监护信息系统、重症监护信息系统、急诊急救信息系统、病房管理信息系统等。

（2）科际层次。经过电子病历系统对于各临床科室专用的医疗信息的有机配置，把全院所有医疗数据进行统一的拆分与整合，把整合后的信息分配到全院各个职能科室的工作账户终端，进而完成病历的数字化采集、查询和管理。

多种智能化的配套专用软件可以对医嘱和处方录入与医疗规定及常规经验进行全面比对，极大地降低了误诊及错误处置的发生概率。将整合所有这些在科际层面和科室层面信息系统上的临床数据，互联至与责任医院管理和财务的系统，医院所有业务的信息化过程就将水到渠成。

各类专门医疗信息系统的建立是医疗机构信息化具体实施方案的基础。其设计和实现彼此之间数字化信息的良好拆分整合，是大数据时代数字化医疗体系落实的关键。医疗机构内部各医务人员随时随地输入患者的专属账号，即可查看患者所有医疗档案信息，从而减少了以往众多流程，节约了时间，提高了工作效率。

（3）不同医疗机构之间。该模式具有如下三个层次：

第一，同城不同医疗机构医疗档案的共享：由于地域的原因，患者一般在所居住的城市就诊的概率最大。依据病情的不同、医疗机构专长领域的不同，患者在几年的时间里，很可能去不同的医疗机构就医，就医期间所形成的医疗档案信息也相应地处于分散保管的状态。医务人员无法掌握患者以往的病史信息，从而加大治疗的难度。建立同一城市医疗档案的共享会解决这一问题。

第二，省内城市间医疗档案的共享：省内城市间医疗档案的共享步骤包括：①患者向当地市级医疗机构共享平台提出申请（电子邮件、电话、网络平台留言均可）。②当地市级医疗机构相关工作人员将该患者的病史信息传递到省级医疗档案信息共享平台。③患者到医疗机构就医。④相关医务人员在省级医疗档案信息共享服务平台输入患者在该市级医疗机构的档案信息账号，查询相关病史信息。⑤医疗机构医疗档案信息平台将新形成的医疗信息储存并传送至省级信息平台，省级信息平台备份后，传送至所在城市的信息共享平台。

该程序是有些复杂，但总的来说还是利大于弊的，以省级医疗共享平台为媒介传递患者病史信息，而不是直接进入患者之前所处的市级医疗共享平台，从而避免全国大量信息交流的拥堵，信息平台出现故障导致该市级信息平台的所有信息无法获取，有效保护信息的安全。

第三，全国范围内各省间医疗档案的共享：全国范围内各省间医疗档案的共享步骤包括：①患者向当地市级医疗机构共享平台提出申请（电子邮件、电话、网络平台留言均可）并提供自己所去医疗机构的省份；②当地市级医疗机构相关工作人员将该患者的病史信息传递到省级医疗档案信息共享平台；③当地省级医疗档案信息共享平台与患者即将前往的省级医疗档案信息共享平台取得联系，将患者的病史信息传递到该信息平台；④患者到医疗机构就医；⑤相关医务人员在省级医疗档案信息共享服务平台输入患者医疗档案信息账号查询相关病史信息；⑥省级医疗机构医疗档案信息平台将新形成的医疗信息储存并传送至患者所在省份信息平台，省级信息平台备份后，传送至患者所在城市的信息共享平台。

从全国范围来看，优质医疗资源多向北京、上海等地医疗机构集中，因此应加大资金和技术投入，完善这些地区医疗信息平台建设，以防止由于大量信息传递造成的信息拥堵。

### 2. 维护医疗档案信息共享网络信息安全

医疗档案信息共享网络是一个相对开放的网络，相关医务人员可以在任何时间和任何地点登录信息平台获取医疗档案信息。医疗档案信息平台数据资源的共享性与开放性使医疗档案信息共享平台面临着多种威胁和攻击。现实生活中，医疗档案信息安全管理体系是建立在通信系统、信息系统以及信息安全基础上的。

医疗档案信息系统安全保障技术，可以分为五个方面，分别是应用领域、应用环境、安全管理、密码管理、网络和电信传输等。医疗档案信息安全已成为一整套的安全策略和解决方案。对医疗档案信息系统的关键性信息综合运用防火墙技术、虚拟网技术、入侵防控技术、网络防病毒技术、安全漏洞扫描技术、加密技术、认证和数据签名技术等多种安全技术，形成多层次的信息安全解决方案。

医疗档案信息共享网络安全管理体系，就是要建立安全组织机构和安全管理制度，以维护信息系统的安全。也可称为"四有"：有专门的安全管理机构；有专门的安全管理人员；有逐步完善的安全管理规章制度；有逐步满足要求的安全技术设施。从机构和部门的角度看待行政管理，信息系统安全管理包括：人事管理、设备管理、场地管理、媒体管理、软件管理、网络管理、密码管理、审计管理。上述管理都需要建立健全安全管理规章制度。医疗档案信息安全法律法规明确医务人员和医疗档案管理人员应履行的权利与义务，依法保护医疗档案信息，惩处违法行为。为实现医疗档案信息共享安全，必须加快立法建设，建立完全适应计算机信息技术发展的安全法制体系，确定医疗机构各部门以及社会各方面在医疗档案信息安全保障中的职责，建立和完善信息安全的监控制度、有害信息的防治制度、信息安全应急保障制度等。医疗档案信息技术标准和医疗档案信息技术规程是医疗档案信息技术规范的两个方面，如计算机安全标准、操作系统安全标准、网络安全标准、数据和信息安全标准等。

医疗档案信息共享管理人员的再教育与培训体系，就是对相关人员进行有关安全教育、职业道德教育、信息保密教育和法律教育。医疗档案信息共享网络信息安全是一个极为复杂的问题，安全是由技术来支持、法律来规范、管理来实现的一项社会系统工程。目前关于信息立法的研究和制定，信息安全技术的发展，信息系统管理的研究正在快速发展中。

### 3. 三级甲等医院医疗档案信息共享服务的规范范围

（1）患者基本信息。

第一，人口学信息。人口学信息包括姓名、性别、出生年月日、籍贯、国籍、民族、身份证件、受教育程度、婚姻状况等。

第二，社会经济学信息。社会经济学信息包括户籍性质、联系人、联系地址、联系方式、邮政编码、职业、性质、工作单位等。

第三，亲属信息。亲属信息包括子女健康信息、父母健康信息等。

第四，社会保障信息。社会保障信息包括医疗保险类别、自费与否、医疗保险号码、残疾证号码等。

第五，基本健康信息。如外伤史、手术史、过敏史、预防接种史、既往疾病史、家族遗传病史、健康危险因素、戒烟戒酒史、亲属健康情况等。这些基本信息是社会个体的特有属性，贯穿患者生存经历，内涵稳定，客观，识别性强。

（2）各类医疗检查信息。随着循证医学的发展，患者住院治疗过程中的检验、检查的数据信息，在医疗档案信息共享过程中变得尤为重要。实现医疗机构间互信的检验检查、数据信息的共享有益之处显而易见，不仅可以大幅度地减免重复检查带来的沉重经济与精力负担，还可以减少随身携带检验检查报告及影像资料穿梭于不同的医疗机构之间的不便。同样地，医生可以很方便地应用专属的工作终端，查看患者在其他科室或医院所进行的检验和检查以及相关病历的数据信息。

（3）疾病防控信息。目前各社区对婴儿及适龄儿童根据国家规定的免疫程序进行疫苗接种，建立预防接种医疗档案，及时做好信息登记和更新，上传至国家信息管理平台，实施医疗档案信息共享。同时，对一些有传染病的患者，进行隔离性治疗，服用与注射相关药物，并把该诊治过程输入至该患者的医疗档案，利于之后的共享。

（4）病人病史数据信息。因为全国各个医疗机构的性质不同，各大医疗机构主要诊治的方向和重点也不尽相同，这就造成了全国三级甲等医院在医疗档案内容确定上产生了差异。而这些差异间接造成了病人病史无法在一个统一的、共享的系统平台下体现。我国医疗卫生部门对三级甲等医院医疗档案共享服务信息所包含的主要要素做过规定，但在目前社会，各个三级甲等医院之间还是有很多不尽相同的地方，很难有完全适合各三级甲等医院的格式内容。病人病史数据信息是医疗机构对患者进行诊疗的重要参考数据，是规范三级甲等医院医疗档案共享信息内容的主要环节。卫生部门应该将患者的基本信息、病人病史数据信息和各类医疗检查信息进行有效统一。

### 4. 三级甲等医院医疗档案信息共享服务的依法规范实施

三级甲等医院医疗档案信息共享网络由于自身的特殊性，在某种程度上很难承认其法律价值。实现三级甲等医院医疗档案信息共享的有力保障是医疗档案信息的法律价值得到真正的体现。只有加强三级甲等医院医疗档案信息的管理，才能解决三级甲等医院医疗档案信息共享的法律价值问题，使其规范化、科学化和制度化。主要应做到以下四点：

（1）规范三级甲等医院医疗档案信息共享服务信息录入的有效性。患者从初诊到出院的所有诊疗活动所生成的所有数据和文字由于某些缘故会有些变动，有些信息在规定的时间内允许进行合理的修改。而对于修改过的信息，也必须在系统内做出特殊标记，用来记录这一修改行为。但是对于医务人员医嘱类的信息，则在任何时间都不能进行修改，因为这类医疗档案信息是医疗纠纷的凭证信息，决定着医疗纠纷的责任者。

（2）设计三级甲等医院医疗档案信息共享服务的标准电子签名①保障真实性。三级甲等医院医疗档案中的电子签名至关重要。三级甲等医院医疗档案中的电子签名与传统意义上的亲笔签名所产生的作用应该是一致的，它能识别医务人员与患者的身份，准确地判定医疗纠纷中的责任方。换个角度来说，要想实现三级甲等医院医疗档案的法律价值，必须实现三级甲等医院医疗档案电子签名的合法性。因此，我国医疗卫生体系必须规范设计医疗档案中的电子签名，来确保三级甲等医院医疗档案中的电子签名的法律地位。

（3）建立三级甲等医院严格的医疗档案信息共享服务归档制度确保完整性。三级甲等医院医疗档案信息归档分为逻辑归档和物理归档两种方式。"逻辑归档是只将患者医疗档案的物理地址或链接贮存在医疗机构系统控制的服务器中，使相关医务人员和政府部门通过计算机网络可对三级甲等医院医疗档案信息进行有效查阅和调用。"由于现代

---

① 电子签名是指数据电文中以电子形式所含、所附用于识别签名人身份并表明签名人认可其中内容的数据。

信息技术逐渐完善，大型医疗机构和政府部门都拥有了稳定可靠的网络环境和严密的安全管理措施，所以这种归档方式已普遍适用。但是，三级甲等医疗机构相关医疗档案信息共享人员一定要及时做好备份，防止信息平台各种数据信息由于各种因素丢失，没有数据副本可供使用。

三级甲等医院所生成的所有患者医疗档案信息只有在两种情况下才能自动锁定，即：患者出院和患者经诊疗无效死亡。与此同时将该患者的医疗档案信息自动转移到数据库中进行保存。成熟稳定的三级甲等医院医疗档案归档系统，应满足以下两方面的要求：

第一，医疗档案信息的完整性。医疗档案信息的集成性要求医疗档案信息的完整性。恰恰因为一个完整的医疗档案的形成在时间上是无法确定的，医疗机构才要确定医疗档案信息是否完整连续，是否有遗漏，是否记录患者就医期间所有的报告、诊断、治疗方案，甚至家族病史，基础疾病史等。医疗档案某一方面内容的不完整直接影响到整个医疗档案在医疗资料的利用过程中作用的体现，会使医疗档案的作用受到限制，给该医疗档案的利用、评价带来困难，所以说，医疗档案信息的完整性是极其重要的。

第二，医疗档案信息的安全性。医疗档案信息系统管理、医疗档案信息安全法律法规以及医疗档案信息系统安全保障技术这三个层面构成医疗档案信息共享网络安全管理体系，再加上医务人员的专业教育与技术培训体系。

（4）建立三级甲等医院医疗档案信息共享服务备份系统保障安全性。三级甲等医院医疗档案信息共享得到法律认可的关键性因素是其医疗档案信息数据安全性，这也是三级甲等医院医疗档案信息共享在我国尚未得到很好发展的主要原因。为了保障三级甲等医院医疗档案信息安全，我国政府可以采取第三方保管的方式。这种管理模式主要以政府为主导，建立第三方的三级甲等医院医疗档案管理中心，使患者的医疗档案信息脱离医疗机构来进行管理。

# 第六章　信息时代事业单位档案管理的创新研究

## 第一节　信息时代事业单位档案管理探索

### 一、事业单位及其档案管理概述

"事业单位是我国社会主义现代化建设的重要力量，为广大人民群众提供公益服务，近年来服务总量不断扩大，服务水平逐步提高，在促进经济社会发展、改善人民群众生活方面发挥了重要作用。"[①]事业单位档案管理是一项管理性的工作、服务性的工作和政治性的工作，是事业单位管理中不可或缺的组成部分。通过提供档案信息为事业单位实践服务，是档案管理工作区别于其他工作的特点之一。

#### （一）事业单位的基本特性

#### 1. 事业单位目标和业务活动的差异性

事业单位服务于不同的领域和范围，具体事业目标和业务活动存在差异性。我国的事业单位大多是在计划经济体制下建立和发展起来的，在教育、科研、文化体育、医疗、社会保障等领域发挥着重要作用。因为差异性，国家对不同类型的事业单位有着不同的管理体制，事业单位内部管理也因具体事业目标的差异和业务活动的不同而呈现出各自的特色。

---

① 葛洋. 事业单位人力资源管理效率提升以及绩效考核策略探讨 [J]. 中国乡镇企业会计，2022（01）：123.

### 2. 事业单位经费来源的多元化

事业单位的经费来源呈现多元化的特征，但来自国家和地方政府的财政拨款在大多数事业单位的经费中仍然占主导地位，所以，事业单位按经费来源可以分为财政补助和非财政补助两类。国家对事业单位的经费管理存在全额拨款、差额拨款和自收自支三种模式，事业单位也相应划分为全额拨款事业单位、差额拨款事业单位、自收自支事业单位三类。

（1）全额拨款事业单位。全额拨款事业单位也称全额预算管理的事业单位，是其所需的事业经费全部由国家财政预算拨款的一种管理形式。一般适用于没有收入或收入不稳定的事业单位，如学校、科研单位、卫生防疫、工商管理等事业单位。

（2）差额拨款事业单位。差额拨款事业单位是指有一定数量稳定的经常性收入，但还不足以抵补本单位的经常性支出，支大于收的差额须国家预算拨款补助的单位，如公立医院。

（3）自收自支事业单位。自收自支事业单位由于有稳定的经常性收入，可以解决经常性开支，不需要财政直接拨款。

### 3. 事业单位资金使用的强约束性

事业单位的资金多来源于财政拨款、服务费收入以及个人或机构的捐赠，所有资金的使用以保障事业目标的实现为出发点。事业单位获取的是公共资金或社会资金，提供的又是公共社会服务，因此资金使用必须对国家和社会公众负责。国家法律法规对事业单位资金使用的范围和标准有比较强的约束，对事业单位的经费支出也有许多独特的控制程序，比如预算管理、收支两条线管理、招投标管理、政府采购管理、财政票据管理、公务卡结算等。

### 4. 事业单位核算及绩效考核的复杂性

事业单位因所处领域不同、事业类型不同、开展的业务活动不同，具体核算内容和要求也有所不同，不同领域都有各自具体的财务核算制度。事业单位不以营利为目的，而是以向社会提供公共物品和公共服务为宗旨，其经济活动并不以保值增值为目标，而只是事业活动的辅助活动。在这种情况下，事业单位往往难以实现科学准确的绩效考核和评价，往往从资金使用的合规和事业目标的完成角度进行绩效评价，可比性和合理性只能是相对的。

### （二）事业单位档案管理的特征

第一，事业单位档案管理的公共性。事业单位提供的是公共事业产品，提供公共事业产品是事业单位产生和存在的基本条件。而档案管理作为事业单位功能之一，同时档案管理管理的档案涉及我国科教文卫事业方面的内容，属于公共事业方面，因此事业单位的档案管理具有很强的公共性。

第二，事业单位档案管理的服务性。事业单位的档案作为记录国家公共科学、文化、教育、卫生等事业各方面的资料，对其进行管理具有非常意义。同时事业单位作为政府机关的下属单位，其本质上是为民众提供服务的，而档案管理作为事业单位的主要工作内容之一，其档案管理具有服务性。

第三，事业单位档案管理的非营利性。事业单位的档案管理具有非营利性，即事业单位的档案管理是不以营利为目的的工作。事业单位的经费来源大部分来自政府的财政拨款，少部分来自社会捐赠以及社会筹集等。因此事业单位的档案管理具有非营利性。

第四，事业单位档案管理的机密性。机密性是指由于行政事业单位是非营利组织，其涵盖我国科学、教育、文化以及卫生事业的各个方面，档案文献中有关的机密信息比较多，涉及国家的安全，同时也会影响到每个公民。档案管理中的档案文献资源一旦泄露将形成严重的危害，造成难以挽回的损失，因此行政事业单位的档案管理具有较高的机密性。

### （三）事业单位档案管理的作用

事业单位档案管理工作是各项工作的重要环节，是反映一个单位发展历史的重要依据，是衡量一个单位工作业绩和管理水平的重要尺度。档案工作记载了本单位在一段时期的发展进程和取得的成果，可以作为制定未来发展方向的第一手资料。事业单位将档案工作做好了，一方面有利于本单位领导掌握本阶段工作开展的情况，适时转换发展思路；另一方面有利于上级主管部门了解该单位一段时期工作开展的情况和所取得的成绩，有助于上级部门给予一定的指导。

## 二、事业单位档案管理信息化的基本思路

事业单位是指由政府利用国有资产设立的，从事教育、科技、文化、卫生等活动的社会服务组织，是带有公益性质的机构。事业单位档案管理信息化的总体规划，是在分析事业单位自身的特点与发展目标的基础上，深入调查和科学论证，制订出切实可行的档案管理信息化长远规划及近期计划，形成一个规模较大的网络管理模式，推动档案信息化协调发展。

第一，档案网站。档案网站是事业单位的档案部门在网上建设的信息站点，一般以网页形式给人们提供相关的档案信息和服务，进行档案信息的网上咨询、查找，电子文件的实时归档及直接提供使用。这是档案信息化的主要目的，同时，也是档案数字化的重要标志和重要手段。

第二，在档案的信息化建设之中，应该把档案的管理系统纳入事业单位的管理信息系统，构建一个一体化系统，把本单位各个部门的信息统筹考虑进去，实现资源共享，

从而获得档案管理的综合效益和系统效益。还应选用那些有升级潜力和开发潜力的档案信息管理系统，这是实现档案管理信息化的一种重要条件。软件适应了网络管理的需求，具有强大的检索功能，才能够充分发挥计算机网络的优势。建设信息档案的网站时，要选用标准化的设备。选用的产品应符合当前国内外的相关标准，最好是当前或未来的一些主流产品，能够得到国内外一些实力雄厚的软、硬件公司或厂家的支持，以保证其升级换代，减少重新开发的成本。设备的设置应尽量合理化，要考虑到网络吞吐能力、响应时间和传递速度等。

第三，档案数字化应该通过使用先进的信息手段，把档案部门的各种物质载体形式加工转化成数字化的信息，建立起档案全文数据库和档案目录数据库，并在网上发布，以提供服务。馆藏档案的全文数字化是对馆藏的档案资源数字化进行整体分析，以突出重点，进而逐步解决。建成数字档案馆并不意味着传统的档案馆要消亡，两者应长期共存、相互补充。

第四，档案信息化应做到规范化、标准化。规范化、标准化是进行档案信息化建设的一项重要内容，也是衡量档案管理工作现代化水平的一个重要标志。事业单位在进行档案管理信息化时，应该按照国家推荐信息化管理的标准，根据自身发展的需求和特点来制定内部的管理标准体系，在实践中不断进行完善。档案目录数据库，应既符合国家的标准，又有利于实际操作。应对各立档单位文件及档案的内容、著录项目、数据库结构和格式等做出统一的规定，还要对档案数据库管理的软件、硬件的文档格式、数据指标等进行统一规范。其目的是将来电子目录入档案馆之后能实现数据的共享，解决因软件的不同而带来的数据无法转换或者不能读取的问题。

第五，档案的信息化建设要有对档案人员的素质要求。档案人员应该更新观念，调整心态，不断学习并掌握必要的网络知识和技术，对纷繁复杂的网上信息进行标引、分类和有效管理，使档案信息能发挥最大的开发利用价值，满足企事业单位的科研、管理和生产的最大需求。

对事业单位的档案进行数字化管理是当前科技与社会发展的必然要求。各个事业单位要重视其档案管理，根据实际情况制订出一个档案数字化管理的总体规划，建设好自己的档案信息网站，使档案信息化符合国内外的标准，并不断提高档案管理人员的素质，不断提高工作效率，适应时代发展。

# 第二节 信息时代事业单位档案管理工作的建设

## 一、信息时代事业单位档案工作的基础设施

"在社会进入信息时代的今天，对档案管理进行信息化建设是事业单位对档案管理的重要内容，是信息时代飞速发展的趋势，也是提高事业单位实力的有效途径。对档案管理的强化具有信息化、科学化和规范化等特性，为事业单位的有效发展提供重要理论依据。"[①] 事业单位档案信息化建设是一项系统工程，包括基础设施建设、档案管理系统建设、数字档案资源建设、安全保障体系建设，需要事业单位档案部门、信息化部门、业务部门和保密部门共同参与实施。为确保数字档案资源的安全管理和有效利用，应依托单位信息化建设成果，建设相对独立且稳定的、兼容的，能够满足数字档案资源管理和单位共享利用需求的基础设施，主要包括网络基础设施、系统硬件、基础软件、安全保障系统、终端及辅助设备五个部分。基础设施应尽量采用国产产品，尤其是具有自主知识产权的国有品牌产品。用于支撑涉密数字档案资源管理的基础设施建设，应符合国家有关保密工作的规定。

第一，网络基础设施。事业单位档案信息化网络基础设施是单位整体网络基础设施的有机组成部分，应统筹规划、设计和建设。事业单位档案信息系统服务的主要对象是单位内部档案管理人员和利用档案的内部员工，因此，局域网是档案信息化建设的基础平台。

第二，系统硬件。①服务器。专业服务器是档案信息化必备的基础设施。服务器性能和数量的配置，应能满足应用系统以及数据库、中间件、全文检索、备份、防病毒等基础软件的部署和安全高效运行的需求，并适当冗余、可扩展。②存储与备份。为满足各门类电子档案和传统载体档案数字副本的存储、利用和备份要求，应配备先进、高效和稳定的磁盘阵列作为数字档案资源在线存储设备。根据单位制定的数字档案资源保存策略，确定近线或离线备份系统的配置。近线备份应选择磁带库或虚拟带库及相应的备份软件，离线备份可选择光盘、移动硬盘等脱机存储介质以及相应的备份、检测设备。

第三，基础软件。基础软件一般包括操作系统、数据库系统等方面。为确保各门类电子档案及其元数据的准确和及时采集、捕获、保存，提供便捷、有效的数字档案资源利用，应结合应用系统开发或运行需要，配备必要的正版基础软件，包括数据库管理系统、网络操作系统、中间件、全文检索、光学字符识别等软件。服务器操作系统要综合考虑任务量、并发用户、安全性等因素选择操作系统。

---

① 韩馨叶. 基于信息时代的事业单位档案管理 [J]. 中国市场，2013（13）：112.

第四，安全保障体系建设。应结合实际，参照信息系统安全等级保护有关要求，从多层面为应用系统建立安全保障体系。涉密应用系统必须按照国家有关涉密信息系统分级保护的规定执行。

第五，终端及辅助设备。结合工作需要，为应用系统配备专用终端计算机、扫描仪、数码照相机、打印机等终端设备，以及恒温恒湿防磁柜、刻录机、移动存储介质等辅助设备。

## 二、信息时代事业单位档案工作的规划与实施

### （一）事业单位档案管理信息化建设的规划

#### 1. 事业单位档案管理信息化建设的分析评估

在进行档案信息化规划时，要明确档案业务目标和需求。同时，要对档案工作进行现状分析与评估，应该从两个方面着手：

（1）档案业务能力现状。档案业务能力分析是对档案业务与管理活动的特征、档案业务活动的运作模式、业务活动对单位战略目标实现的作用进行分析，揭示现状与单位远景要求之间的差距，确定关键问题，探讨改进方法。

（2）档案信息化现状。档案信息化现状分析是诊断档案信息化的当前状况，包括基础网络、数据库、应用系统状况，分析档案信息系统对档案未来发展的适应能力，给出档案信息化能力评估。在此基础上，对档案信息化建设的现状、定位、目标、功能、需求等做出科学合理的评估，为制定事业单位档案信息化建设规划奠定基础。

#### 2. 事业单位档案管理信息化建设的制定规划

（1）根据档案业务需求，明确档案管理信息化的远景和使命，定义档案信息化的发展方向和档案信息化在实现业务战略过程中应起的作用。

（2）制定档案信息化基本原则。它是指为加强信息化能力而提出的基本准则和指导性方针，它代表着信息技术部门在管理和实施工作中要遵循的单位条例，是有效完成信息化使命的保证。

（3）定位档案信息化目标。它是档案信息化在一定时期内要达到的目的，是档案信息化建设的方向和目标。

（4）规划总体架构。从应用架构、信息架构和技术架构三方面对档案信息系统应用进行规划，确定信息化体系结构的总体架构。

（5）拟定信息技术标准。根据国家和行业档案信息化的规范标准，拟定适合本单位的档案信息化标准，使档案信息化具有良好的可靠性、兼容性、扩展性、灵活性、协调性和一致性。

### 3. 事业单位档案管理信息化建设的细化项目

档案信息化建设是一个渐进的过程，应通过分析整个档案信息化过程中的资源投入，将整个信息化过程分解成为相互关联、相互支撑的若干期项目，定义每一期项目的范围、业务前提、收益、优先次序，以及预计的时间、成本和资源。针对每期项目进行保障性分析，按每期项目重要性排列优先顺序，并对项目进行财务分析，根据单位财力等情况确定实施步骤。

### （二）事业单位档案管理信息化建设的实施

事业单位档案管理信息化建设应以档案资源信息化建设为核心，以深化资源开发利用为目标，加快推进档案资源数字化、信息采集标准化、信息存储安全化、信息服务网络化进程。

### 1. 事业单位档案管理信息化建设的方式

根据事业单位档案管理工作现状，档案信息化工作应采用以下循序渐进的工作方式：

（1）实现档案业务工作的信息化，即先建设覆盖单位及所属单位的档案业务管理模块，再建设侧重于档案资源利用的模块。

（2）采用目录集中、电子文件存储分布的架构，尽快满足当前的业务需求，通过档案目录实现资源共享。

（3）针对事业单位档案管理系统建设，建设数据型档案管理系统，实现资源集中共享利用，解决档案数据资源的长期存储和安全存储问题，并逐步建成数字档案室（馆）。在建设初期，还应先试点、再推广，积极稳妥推进。

### 2. 事业单位档案管理信息化建设的过程

事业单位档案管理信息化建设分为基础建设、深化应用和信息资源管理三个阶段，每个阶段都有不同的工作内容和工作方式，整体看是一个循序渐进的过程。

（1）基础建设阶段。该阶段主要落实档案管理信息化基础工作，以单位本部为起点，开展档案管理系统开发工作，完成单位本部档案管理系统建设和试点单位建设工作。开展单位本部和试点单位数字档案资源建设，形成单位级档案目录中心，提供单位及所属单位档案信息服务。实现共有的通用档案门类和专业档案门类的规范化管理。以OA系统为试点完成业务系统集成规范的制定，并完成与OA系统的集成。

（2）深化应用阶段。总结单位和试点单位档案信息化建设工作的经验和教训，完善档案管理系统，按所属单位有序向下推广应用，形成自上而下、规范统一的系统架构。单位及所属单位分阶段有序地开展档案信息资源数字化建设，实现对单位及所属单位特有（专有）档案的管理功能。依照单位信息化规划，逐步开展各类业务系统、基础服务与档案管理系统的集成，优化完善业务系统集成规范，实现各业务系统与档案管理系统的数据融合及业务融合。

（3）信息资源管理阶段。全面建设面向档案资源的、单位统一的档案管理系统，实现事业单位档案各项业务管理的信息化，积极探索实现电子文件永久真实性保障体系，建立异地容灾备份中心，研究开发多种档案开发利用手段，对数字资源和实体资源进行数据挖掘，实现知识管理和知识服务。

## 三、信息时代事业单位档案工作的建议

### （一）规范档案管理制度

#### 1. 管理服务于公民

更新观念，确立服务公民、便于档案资源开发利用的档案管理制度。主要包括两点：

（1）应该从思想上加强对档案管理工作的重视。新公共服务理论认为社会组织应该从单纯地追求效率这一目标上进行转移，在事业单位中也比较适用。事业单位不应该将提高本单位的效益作为考查档案管理的唯一标准，切实地认识到档案管理在保存信息、收藏文献资料等方面的价值，提高对档案管理工作的重视程度。

（2）转变传统的单纯的事务性的档案管理工作，更新观念，重建适合群众利用的档案管理制度。即事业单位档案管理人员应该加强对档案的梳理、开发，对于要保存的档案，除了涉及机密性的不能公开的档案之外，可以成立专门的档案资源开发小组。对档案资源进行鉴定，对于那些适合公开的、价值比较大的档案应该采取多样化的公开、宣传的方式，或组织教育或参观鉴赏等为公民提供多种形式的档案信息资源，使公民能够在无形中共享档案资源。

#### 2. 加强档案管理监督

事业单位的档案管理涉及单位的具体数据、单位人员信息甚至是有相关业务往来的民众的基本信息，不同于一般的单位档案资料管理，事业单位的档案管理涉及的主体比较多，档案管理的程序以及流程等工作比较复杂，需要档案管理工作人员对档案进行细致、谨慎的管理。为了更好地提高事业单位的档案管理的效率，应该加强对档案管理工作的监督。

事业单位的档案管理监督应该从加强其档案管理的工作制度入手，具体来说应该包括两个方面，即事业单位的内部监督以及外部公民和舆论的监督。事业单位内部的监督主要是在制度层面上建立事业单位档案管理内部监督制度，设立档案管理监督机构，组建监督队伍，对监督的内容以及监督的标准等进行规定；另一方面是外部监督制度，主要是充分发挥人民群众的监督作用，在前期对部分能够公开的档案进行宣传的基础上，引导民众参与到事业单位管理监督中，同时充分发挥人民群众的智慧，让人民群众对事

业单位档案管理工作的质量进行监督,对事业单位档案管理工作的规划和发展献言献策。

### （二）提高档案管理人员的专业素质

人才是组织应该重点关注的对象，在网络技术逐渐发展以及信息化逐渐普及的趋势下，事业单位档案管理工作需要更多的高素质、专业人才进行研究，以使档案管理工作顺应时代的发展。

第一，建立完善的福利待遇。完善的福利待遇是一个单位对工作人员各项权利进行保障的制度安排，是单位真正重视工作人员的体现。在激烈的市场竞争中，各个社会组织应该通过建立完善的福利制度为本单位工作人员提供良好的福利待遇。因此针对事业单位档案管理在吸引人才方面存在的问题，研究者认为可以通过完善的内部晋升制度、激励制度等制度的建立,提高档案管理人员的福利待遇,以此来稳定事业单位的工作人员，充分调动工作人员工作的主动性和积极性。

第二，引进高素质专业人才。人才作为档案管理信息建设的基础，能够为事业单位档案管理信息建设提供源源不断的智力支持，因此在事业单位档案管理信息建设中应该更加重视专业人才以及高素质人才的建设，为档案信息化建设配备专业性人才。

针对当前一些优秀的人才选择大城市的问题，政府可以提供丰厚的福利待遇、比较高的工资以及较好的发展机会等来引进并留住人才。从外面引进人才需要耗费的人力物力比较大，相对于从外面引进人才，对现有事业单位档案管理工作人员进行再教育具有极高的性价比。因此档案管理部门必须通过再教育、学历提高以及培训等各种形式来培养专业的技术人员，通过这种方式能够帮助事业单位档案管理人员掌握更多先进的知识和技术，提高其档案信息管理的水平，全面实现档案的信息化管理。

第三,加强人员内部培训。现代档案工作者本身需要拥有较为丰富的计算机网络知识，在微缩摄影以及信息管理方面都应当具备较强的专业素养，只有拥有过硬的信息素养和信息技能，才能够在新时代中适应档案信息化的工作，为当地经济的快速发展奠定基础。主要通过两种方式对人才进行管理: ①通过制定优惠的人才政策,引进专业的高素质人才;②可以通过外出培训、集中培训等方式，提高现有工作人员的素质，但是值得注意的是，政府在提供培训的同时应该注意加强对培训效果的检验，以增强培训的效果。

### （三）提高档案管理的技术利用率

#### 1. 加强档案管理的数字化建设

当前，较为典型的数字化技术包括数字加密技术、数据库技术、扫描技术、身份认证技术等，而档案信息资料经由数字化技术转换为数字化档案信息可以有效地实现信息资料的更新、整合及补充等。

将数字化运用到事业单位档案管理工作中是指借用上述数字化技术建立统一的档案

信息管理平台，在这一平台上实现对事业单位档案管理的收集、整理、转移以及补充等。作为事业单位的一个重要无形资产，档案数字化建设可以有效地为单位社会效益的实现创造有利条件。因此事业单位应该加大数字化档案管理的建设，在这一过程中，事业单位可以通过引进外来相关技术人员或者是外出培训学习等方式，将数字化技术真正运用到本单位的档案管理中。

### 2. 加强档案管理的自动化建设

档案管理工作的自动化建设是事业单位档案管理改革的一项重要组成部分。典型的自动化技术包括数码扫描识别、电子标签以及 OCR 识别等。以自动化技术为基础，档案管理自动化包括信息数据的自动收集、自动筛选、自动检索以及关键词的自动提取等。

自动化档案管理模式可有效地实现档案信息资料的批量处理与自动处理功能。因此事业单位应该加强档案管理的自动化建设，包括首先购置满足档案自动化建设需求的基础设施，为自动化建设提供良好的基础；其次应该根据本单位档案管理的实际情况选择合适的自动化管理方式；最后运用自动化管理方式提高档案管理的效率。

### 3. 加强档案管理的互动化建设

为了改变传统的档案只能供一人使用，使用效率比较低的问题，可以加强事业单位档案的互动化管理建设。档案管理的互动化是指在网络平台上，通过建立一对多的高效联动模式，使档案管理以及开发人员能够在线为有需求的人员进行服务，或者是通过相应的软件的开发，为借阅档案的人员提供同时在线进行交流互动的模式。通过这种方式，档案使用或者是阅读人员不但能够实现多人同时查看档案的功能，同时还能针对某些档案文献信息进行交流互动，通过这种方式为民众提供更加优质的高效服务，优化了事业单位档案管理的服务功能，是对新公共服务理论的完美实践。

### （四）多渠道加大资金投入

### 1. 档案管理的民主化管理

行政机关事业单位应该改变工作的方式，坚持自身服务的本质，在实际的工作中强化其服务功能，同时还强调实施民主化决策，即加强政策实施过程的民众参与程度。

在事业单位的档案管理中也应该坚持实施民主化管理，民众查阅相关文献在本质上是一个资源共享以及服务提供的过程，因此事业单位在档案管理中应该转变其角色，在坚持档案管理主体的前提下，加强档案管理的服务性，在档案管理制度、监督制定以及反馈制度的建立和改革中，要坚持民主化管理。

### 2. 拓宽资金渠道加大资金投入

资金是当前事业单位档案管理面临的首要问题，因此应该通过各种方式增加对信息化建设基础设施的投入，而当前最有效的加大资金投入的方式是多渠道筹集建设资金。获得充足的资金支持，才能够确保信息化建设的贯彻落实。

事业单位档案管理应当与国家财政部门积极协商，获得国家的财政补助，通过建立档案建设专项基金的方式，推动档案信息化建设的发展。多渠道筹集资金的方式主要集中在以下方面：

第一，地方政府部门。为了获得档案管理方面的财政拨款，首先应该从自身方面加强对事业单位档案管理建设的重视，使该项目的建设工作成为主要项目，这样上级部门才会比较容易通过财政审批，并给予其他物质方面的支持。

第二，应该广泛动员社会各界的力量。档案关系到每个公民的信息，因此政府可以动员当地较大规模单位以及个人的力量，鼓励单位或者是个人为信息化建设贡献本单位或者是个人的力量。

# 第三节　信息时代事业单位档案管理的创新策略

第一，管理思想的创新。事业单位创新管理理念集中体现为提高信息化水平，管理人员要勇于打破传统滞后的管理形式，立足于具体状况协调档案科学化问题，重点把理念创新应用到实际管理中，提高服务认知，主动服务，融入单位、社会调研中，掌握人们对信息的需求，确保档案内容完善，凸显档案资源价值。

第二，档案管理体系创新。建立健全事业单位档案管理机制，并要求各个部门积极配合档案管理部门，档案管理部门要充分落实档案管理工作，建立完善的档案分类体系，对档案管理人员进行分类指导。

第三，档案收集方式创新。电子档案自动收集方式的创新极大程度上将管理人员从繁杂的工作中解放了出来。档案自动收集技术是指工作人员利用计算机、扫描仪等新媒体设备借助档案管理数据库将需要存档的档案按照要求自动上传到指定位置，并加以存档。

第四，档案借阅方式创新。档案借阅是档案管理的重要环节，也是事业单位要对档案进行管理的原因。高效率的借阅可以提高工作效率，节约人工成本。如今，信息时代可以根据需要建立事业单位内部局域网，并开发档案借阅浏览 App，根据档案涉密等级的不同，不同工作岗位赋予不同的查询权限，最大限度地精简了借阅登记审批的流程，提高了档案管理的工作效率；每一份档案还可以重复利用，并且不受时间的限制，极大地提高了档案的利用率。

第五，档案管理平台创新。信息化、网络化是未来事业单位管理发展的必然趋势，事业单位档案管理应该引进信息化管理理念。随着大数据、云计算时代的到来，档案的管理摒弃了传统的纸质办公复杂而且冗余的流程，建立了并行、平行、一体化的管理流程，并且逐渐成为档案管理平台的主流。通过大数据建立以数据库为核心的一体化管理，建立电子档案数据库管理中心，设置不同的查询或借阅登记制度，员工可以根据登记权限进行借阅和查询，很大程度上节约了人力、物力，提高了办公效率。

# 参考文献

[1]陈红."互联网+"时代医院综合档案管理的探索[J].档案与建设,2022,(05):63-64.

[2]陈怡.互联网技术视角下我国档案管理的发展逻辑、历程与趋向[J].档案学研究,2021,(03):141-148.

[3]陈永生,杨茜茜,侯衡,等.电子政务系统中的档案管理:问题与思考[J].档案学研究,2015,(02):28-37.

[4]崔瑜,曹冬梅,马佳,等.医院卫生专业技术人员"两历"档案管理[J].北京档案,2022,(05):34-36.

[5]丁海斌.档案起源过程说与根本作用说[J].山西档案,2020(04):16.

[6]董巧仙.档案管理信息化[M].郑州:大象出版社,2008.

[7]冯惠玲,闫慧,张姝婷,等.中国图书情报与档案管理教育发展研究:历史与现状[J].中国图书馆学报,2020,46(01):38-52.

[8]冯强.档案管理[M].北京:中国农业出版社,2006.

[9]冯艳.事业单位人事档案管理现状与对策[J].档案管理,2015,(02):87-88.

[10]葛洋.事业单位人力资源管理效率提升以及绩效考核策略探讨[J].中国乡镇企业会计,2022(01):123.

[11]韩馨叶.基于信息时代的事业单位档案管理[J].中国市场,2013(13):112.

[12]黄思敏.新形势下医院文书档案管理探讨[J].兰台世界,2017(14):58.

[13]蒋飞.现代医院管理精要[M].北京:科学技术文献出版社,2019.

[14]金波,晏秦.从档案管理走向档案治理[J].档案学研究,2019,(01):46-55.

[15]黎鹍.基层医院当前健康体检档案管理存在的问题及对策[J].中小企业管理与科技(上旬刊),2020(03):31.

[16]李素芳.新时代事业单位档案管理的思考[J].档案管理,2020,(06):127-128.

[17]刘秀丽.医院医疗器械档案规范化管理[J].兰台世界,2016(S2):157.

[18]刘苡.信息时代医院档案管理数字化建设—评《档案数字化:风险与管理》[J].中国科技论文,2021,16(09):1048.

[19]刘越男.数据治理:大数据时代档案管理的新视角和新职能[J].档案学研究,2020,(05):50-57.

[20]娄晓阳.我国档案管理地方立法的可操作性研究—基于31部省级地方性法规的文本分析[J].档案学通讯,2021,(03):90-97.

[21]马婉,黄洁,郑红倩.浅谈如何做好高校档案收集工作[J].兰台内外,2021(25):82.

[22]莫求,杨佐志.档案管理工作的实践、探索与研究[M].长春:东北师范大学出版社,2018.

[23]牟天宇.浅谈信息时代的档案编研与开发[J].档案学研究,2017,(S2):107-109.

[24]史江,罗紫菡."智能+"时代档案管理方法创新探讨[J].档案学研究,2021,(02):54-59.

[25]宋书娟,余艳,贾丽娜.医院档案管理与信息化建设[M].长春:吉林人民出版社,2020.

[26]苏冠贤.办公自动化系统与档案管理系统优化整合模式研究[J].档案学研究,2017,(05):86-91.

[27]谈亚芳.信息化背景下行政事业单位档案管理科学化的思考[J].档案与建设,2015,(03):88-89.

[28]徐拥军,张臻,任琼辉.我国档案管理体制的演变:历程、特点与方向[J].档案学通讯,2019,(01):15-22.

[29]杨红本.档案管理理论与实务[M].上海:上海教育出版社,2016.

[30]杨艳双,杨洋,耿佳赛.医院病历档案管理数字化转型研究——评《病案管理实务》[J].中国油脂,2022,47(06):163.

[31]于娟娟,李凯,郭嘉奇,等.医院基建档案管理策略探讨[J].中国医院,2022,26(02):89-91.

[32]周耀林,吴化,刘丽英,等.健康医疗大数据背景下我国医院档案管理研究:需求、转变与对策[J].档案学研究,2021,(06):78-83.

[33]张蓉.现代管理科学方法在档案工作中的应用实践[M].南昌:江西科学技术出版社,2019.

[34]张鑫.现代档案管理实例分析[M].北京:科学技术文献出版社,2018.

[35]张燕.大数据时代背景下的档案管理工作研究[M].沈阳:东北大学出版社,2019.

[36]赵旭.档案管理现状的研究与分析[M].天津:天津科学技术出版社,2018.